Lees ook:

DE WERELD VAN
DE GORGELS
JOCHEM MYJER & RICK DE HAAS
LEOPOLD

JOCHEM MYJER
DE GORGELS
EN HET GEHEIM
VAN DE GLETSJER
LEOPOLD

Jochem Myjer

DE GORGELS

Illustraties Rick de Haas

Leopold / Amsterdam

Voor Marloes, Limoni en Melle

www.degorgels.nl
www.kinderboeken.nl

Vijfentwintigste druk 2018

Omslagontwerp Marlies Visser
Auteursfoto © Anne Reitsma
Vormgeving binnenwerk Studio Bos & Studio Cursief
Uitgeverij Leopold, Amsterdam / www.leopold.nl
NUR 281 / ISBN 978 90 258 6789 8

INHOUD

EEN BOLLETJE WOL

Melle werd wakker.
Niet door de regen die op de ramen tikte. Ook niet door de wind die buiten een fluitconcert gaf.
Hij werd wakker omdat hij voelde dat hij niet alleen was.
Langzaam opende hij zijn ogen. Zonder te bewegen keek Melle naar links.
Door een kier in het gordijn zag hij de maan. Die leek op een koek waar iemand een grote hap uit had genomen.
Melle tuurde door zijn wimpers naar rechts.
Toen zag hij het.
Melle moest zijn best doen om niet te schreeuwen.
Er zat iets op de rand van zijn bed! Vlak bij zijn hand.
Het was moeilijk te zien. Het enige licht in zijn kamer kwam van het klokje naast zijn bed.
Melle deed zijn ogen zo wijd mogelijk open.
Hij dacht eerst dat het een spitsmuis was. Die had hij laatst in zijn biologieboek gezien.
Maar daar was het te groot voor.
Het leek nog het meest op een bolletje wol.
Er staken twee gespierde beentjes uit. En twee armpjes die een houten stok vasthielden.
De twee harige, puntige oren op het kopje bewogen langzaam heen en weer.
Melles mond viel open. Zoiets vreemds had hij nog nooit gezien.
Zo zachtjes mogelijk verplaatste Melle zijn linkerhand richting zijn kussen.
Daaronder lag zijn zaklamp.

De oren van het wezentje stopten met bewegen.

Melle moest nu snel zijn. In één handbeweging knipte hij de zaklamp aan en scheen op de rand van het bed.

'Hallo!' riep Melle.

Er was niets meer te zien. Het wezentje was opgelost in het donker.

'Hallo,' riep Melle nog een keer. 'Is daar iemand?'

Hij sprong zijn bed uit en deed het grote licht aan.

Hij keek snel onder zijn bed. Hij schudde het dekbed uit. Hij keek zelfs onder zijn matras.

Even dacht Melle dat hij gek was geworden. Hij wist zeker dat hij het niet gedroomd had. Zijn ogen logen nooit.

Morgen ga ik dit tot de bodem uitzoeken, dacht hij.

Toen stapte hij weer in bed en deed het licht uit.

GEEN TIJD VOOR VRAGEN

'Melle! Wakker worden!'
Melle zag het slaperige hoofd van zijn moeder boven zijn bed hangen.
'Uit welke droomwereld kom jij? Ik sta al vijf minuten te roepen,' zei mama. 'Hup, hup, hup, wakker worden! De wekker is niet afgegaan. We zijn al veel te laat.'
De wekker van papa en mama was zo oud dat hij vaak vergat te rinkelen.
Melle gaapte. 'Ik zet morgen wel weer mijn eigen wekker.'
Hij sprong uit bed. 'Mama, waar zijn mijn nieuwe sokken?'
'Bij de onderbroeken, denk ik,' riep mama terwijl ze naar beneden rende.
Plotseling moest hij weer aan vannacht denken. Aan dat bolletje wol waar armpjes en beentjes uitstaken.
Hij keek nog even goed onder zijn bed. Maar daar was niets te zien.
Ik vraag het zo wel aan papa, dacht Melle.
Zijn vader wist alles van dieren. Hij was bioloog. Dat wilde Melle later ook worden.
Hij rende de trap af.
Zijn moeder gaf hem zijn rugzak.
'Die kun je onderweg opeten, want we zijn al veel te laat!'
'Jammie,' zei Melle. 'Lekker hoor, een rugzak als ontbijt.'
Mama keek hem raar aan.
'O, sorry,' zei ze. 'Ik bedoel die.' Ze wees naar de boterham met pindakaas op tafel.
Ondertussen kamde ze de krullen van Melles zusje Limoni.

‘Au, mama!’ gilde Limoni. ‘Voorzichtig!’
Papa stond in de gang met Melles jas al in zijn hand.
‘Papa, kan het zijn dat ik op de rand van mijn bed…’ begon Melle.
‘Nu even opschieten, Melle,’ zei papa. ‘Na school gaan we lekker
 wandelen in de duinen. Dan kun je me alles vragen.’
Melle sprong achter op de fiets bij papa.
Die fietste razendsnel naar school.
Melle zag op een tak in een tuin nog een roodborstje.
‘Kijk, een fffooodfofffrstje!’ riep hij.
Maar door de pindakaas in zijn mond was dat niet te verstaan.

Melle rende zo snel hij kon naar zijn klas.
Hij gleed op twee voeten over de vloer en met een soepel sprongetje landde hij op z’n stoel.
Precies op dat moment ging de schoolbel.
Juf Marloes deed haar handen omhoog. De klas werd stil.
‘Vandaag beginnen we met rekenen,’ zei juf Marloes.
Ze tikte op het bord. Er stonden moeilijke sommen op.
De hele klas pufte alsof er een fietsband werd opgepompt.
Melle vond rekenen ook niet leuk. Maar papa had gezegd dat het heel belangrijk was. Zeker als je bioloog wilde worden.
Tijdens het rekenen moest hij de hele tijd aan dat vreemde beestje op zijn bed denken.
Intussen keek hij naar buiten. Op zoek naar zijn lievelingsdieren.
‘Melle,’ zei de juf. ‘Wat denk jij dat het goede antwoord is?’
‘Twee merels, vier mussen en acht spreeuwen,’ stamelde hij.
De klas lachte.
‘Als je het optelt, zijn het veertien vogels in totaal,’ zei Melle snel.
‘Nou, vooruit dan. Maar nu weer opletten, vreemde vogel,’ zei de juf. Ze gaf hem een knipoog.

Tussen de middag aten ze met de hele klas boterhammen in het klaslokaal.
'Heeft iemand nog iets leuks meegemaakt de laatste tijd?' vroeg de juf.
Melle dacht na.
Zou hij vertellen over afgelopen nacht? Over dat rare wezentje dat op zijn bed had gezeten?
De juf wist ook erg veel van dieren.

Hij stak zijn vinger op.
'Ja, Melle, vertel het maar,' zei de juf.
Melle vertelde over het levende bolletje wol dat hij op zijn bed had gezien.

De hele klas begon te lachen.
Juf Marloes ook.
'Ik vind het leuk dat Melle een grote fantasie heeft. Maar dat soort wezentjes bestaan natuurlijk niet,' zei ze.
Benjamin, die naast hem zat, begon te roepen: 'Melle heeft nog knuffelbeesten in zijn bed!'
Iedereen lachte.
Melle werd knalrood. Hij had spijt dat hij het had verteld.

WITTE STINKVERF

Om drie uur ging eindelijk de bel.

Melle zag zijn vader al bij het schoolhek staan. Hij gooide zijn rugzak in de achterbak van de auto.

Ze reden naar de duinen.

Melle zat stil in zijn stoel. Zou hij papa vertellen over vannacht? Hij twijfelde.

De klas had hem ook uitgelachen.

Papa parkeerde bij de friettent op de hoek van de parkeerplaats.

'Moet je daar kijken.' Melle wees naar een meeuw die frietjes uit de vuilnisbak aan het eten was. 'Die meeuw heeft witte sokken aan.'

'Getverderrie, dat is mayonaise,' zei papa lachend.

Ze liepen over het schelpenpad door de duinen.

Melle vond het gekraak onder zijn schoenen altijd zo lekker klinken.

Ze kwamen aan bij het hoogste duin.

'Heb je mijn toverkijker meegenomen?' vroeg Melle. Die had hij voor zijn verjaardag gekregen.

'Natuurlijk,' zei papa. Hij pakte het zware ding uit zijn bruine werktas en gaf het aan Melle.

Met een toverkijker kon je alle vogels heel dichtbij toveren.

Papa zei dat het eigenlijk een verrekijker heette. Maar Melle vond toverkijker veel mooier klinken.

Hij keek een paar seconden geconcentreerd door de lenzen.

'Wat zie je allemaal, Melle?' vroeg papa.

'Eén buizerd, vier scholeksters, één velduil, zestien meeuwen. En een meneer die stiekem staat te plassen,' zei Melle.

Papa's mond viel open.

'Melle, jij hebt echt superogen. Ongelofelijk!'

Hij sloeg een arm om Melle heen.
Boven hen zweefden twee zilvermeeuwen.
Papa haalde een papieren zak uit zijn tas.
'Let goed op, Melle,' zei hij. 'Nu ga ik toveren.'
In de papieren zak zaten allemaal korstjes brood.
Hij gooide twee korstjes de lucht in.
De twee grote zilvermeeuwen vlogen er razendsnel op af.
Ze vingen de korstjes voordat ze op de grond vielen. Zo knap!
Papa gooide de rest van de broodkorstjes iets verderop op het zand.
'Doe nu je ogen dicht en tel maar tot tien,' zei papa.
Melle deed wat papa vroeg.
Toen hij zijn ogen weer opendeed, wist hij niet wat hij zag.

Honderden grote zilvermeeuwen zweefden boven zijn hoofd. Ze doken als volleerde straaljagers op de broodkorstjes af en maakten een enorme herrie.
'Knap hoor, papa,' schreeuwde Melle boven het gekrijs uit.
Plotseling voelde hij allemaal spetters op zijn jas.

'Het gaat regenen!'
Papa keek naar de jas van Melle.
'Dat zijn geen regendruppels, dat is meeuwenpoep. Rennen!'
Samen renden ze lachend naar de auto.
Melles jas zat onder de witte poepspetters. Die van papa ook.
'Dat was niet zo slim van me,' zei papa. 'Daar zal de wasmachine niet blij mee zijn!'
'Ik heb nog nooit witte verf gezien die zo stinkt,' lachte Melle.
'Kom, het is bijna vijf uur,' zei papa. 'We moeten naar huis.'
Ze stapten in en papa startte de auto.
'Stuur jij mama even een berichtje dat we eraan komen?' vroeg hij.
Hij pakte zijn telefoon uit zijn zak en gaf hem aan Melle.
Die vond het prachtig om met de telefoon van papa te spelen. Het mocht niet vaak, maar hij wist precies hoe alles werkte.
Hij toetste papa's pincode in. De telefoon floepte aan.
Hij tikte: we komen eraan x melle
Toen drukte hij op verzenden.
'Gelukt!' zei Melle.
'Mooi zo,' zei papa en hij drukte het gaspedaal in.
Melle schraapte zijn keel.
'Papa, mag ik je wat vragen?'
'Natuurlijk, makker,' zei papa.
'Beloof je dat je me niet uitlacht?'
'Dat beloof ik,' zei papa.
Melle vertelde over het bolletje wol op de rand van zijn bed.
Papa werd rood.

'Weet je het zeker, Melle?' vroeg hij.

'Nou, het was natuurlijk wel donker, dus helemáál zeker weet ik het niet,' zei Melle.

Papa werd steeds roder en roder. En zelfs een beetje boos.

'Vergeet het maar snel!' riep hij met harde stem. 'Grote onzin.'

Papa tikte met zijn vingers zenuwachtig op het stuur en ging opeens heel hard rijden.

'Dat soort wezentjes bestaat niet!' zei hij. 'Je hebt het waarschijnlijk verkeerd gezien.'

'Ja, maar papa, ik...' stamelde Melle.

'Nee!' zei papa kortaf. 'Ik wil er niets meer over horen. Je hebt het verkeerd gezien. Punt uit.'

Een zweetdruppeltje gleed langs zijn neus en bleef aan het puntje hangen.

Melle schrok van de reactie van zijn vader. Hij kende papa helemaal niet zo.

Het lijkt wel of papa *precies* weet waar ik het over heb, dacht Melle.

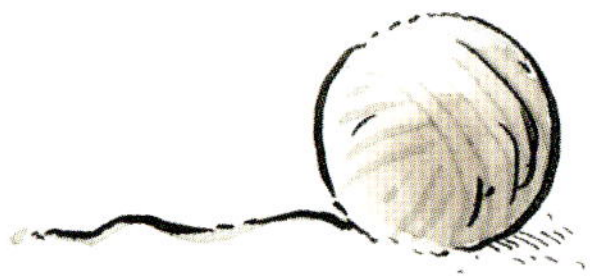

DE VREEMDE BROMSTEM

Papa deed de voordeur open. Hij was nog steeds knalrood.
'Wat is er met jou aan de hand?' vroeg mama.
'O, niets hoor,' zei papa zenuwachtig.
'Wat is er met jullie jassen gebeurd?' vroeg mama verbaasd.
Melle vertelde van de poepende meeuwen.
Mama moest er hard om lachen.
'Stelletje viespeuken,' zei ze. Ze pakte voorzichtig de vieze jassen aan.
Op weg naar de wasmachine keek ze nog een keer naar papa.
'Gaat het wel met je, lieverd?'
Papa schuifelde onrustig heen en weer. 'Eh... jaja... maar ik moet boven... eh... nog even bellen.'
Hij rende naar boven. Daar was zijn werkkamer. Melle hoorde dat hij de deur zelfs op slot deed.
Melle twijfelde even. Maar even later liep hij op zijn tenen zijn vader achterna.
Hij sloop richting de werkkamer en legde zijn oor tegen de deur.
Ik weet zeker dat dit telefoontje met mij te maken heeft, dacht Melle. Als hij mij niets vertelt, dan kom ik er zelf wel achter.
'Hallo, met mij,' hoorde hij zijn vader zeggen.
Er klonk een zware stem aan de andere kant van de lijn.
Melle kon het niet verstaan.
'Ik moet je iets belangrijks vertellen,' zei zijn vader. 'Melle heeft een Gorgel in zijn slaapkamer gezien.'
Het was even stil.
Melle hoorde iemand iets onverstaanbaars terugbrommen.
'Nee, echt,' hoorde hij papa zeggen. 'Hij vertelde het net in de auto.'

Weer gebrom door de telefoon.

'Ik ben ook geschokt. Geen kind heeft er ooit een in het echt gezien... Nou ja, behalve jij dan,' zei papa.

Melle veerde overeind.

Dus alleen die bromstem aan de telefoon en hij hadden ooit een... een Gorgel gezien. Wat was dat, een Gorgel? Daar had hij nog nooit van gehoord.

Pfff, zuchtte Melle hardop.

Papa was even stil, maar praatte gelukkig snel weer verder. Wel iets zachter dan daarvoor.

'Hij heeft dezelfde superogen als jij vroeger had, hij ziet in de natuur ook altijd alles. Ik heb trouwens gezegd dat hij het verkeerd heeft gezien. Ik wil hem niet bang maken. Wij weten... dat als er Gorgels in kinderkamers zijn...'

Papa stopte even en fluisterde nu zacht: '... dat dan *die anderen* ook in de buurt zijn!'

Die anderen? Melle begreep er niets meer van.

De bromstem was nu lang aan het woord. Papa onderbrak hem af en toe.

'Je hebt gelijk. Hij is te jong om dit te begrijpen.'

Melle fronste zijn wenkbrauwen. Hij was al hartstikke groot. Nu deden ze net of hij nog een kleuter was.

'Dan laat ik het maar zo,' hoorde hij papa zeggen.

Weer wat onverstaanbaar gemurmel.

'Nee, absoluut niet,' zei papa. 'Dat boek heb ik goed verstopt. Ik weet hoe nieuwsgierig Melle is. Dat kan hij nooit vinden.'

Klingelingeling!

Een harde bel klonk door het hele huis.

Melle schrok. Hij sloop zo snel als hij kon naar beneden.

Zijn zusje Limoni zat al aan tafel. 'Ik heb gewonnen.'

Melle stak plagend zijn tong naar haar uit.

Mama kwam binnen met een grote pan stomende rijst.
'Wat ben jij snel vandaag,' zei ze. 'Normaal moet ik wel drie keer de etensbel luiden voordat je naar beneden komt, Melle.'
'Ik had honger, mama!' zei hij snel.
Even later kwam papa de kamer in. Hij was nog steeds een beetje rood.
'Eet smakelijk allemaal!' zei mama.

Na het eten liep Limoni met papa naar boven. Melle mocht altijd nog wat langer opblijven.
'Ik ben moe, mama. Ik ga ook slapen,' zei Melle.

Mama gaf hem een kus. 'Heel verstandig, lieverd.'
Melle poetste zijn tanden en deed zijn pyjama aan.
Zijn vader kwam hem nog een nachtkus geven.
'Welterusten, Melle. En nu niet meer dromen dat er... eh... grappige

beestjes op jouw bed zitten, want die bestaan niet, makker!'
'Nee, papa, je hebt gelijk,' zei Melle. 'Natuurlijk bestaan die niet.'
Zijn vader deed het licht uit en liep naar beneden.
'Hij is te jong,' had papa gezegd.
Te jong?
Dat zullen we nog wel eens zien, dacht Melle. En hij voelde zich groter dan ooit.
Dat boek moest hij vinden!

HET BOEK

Na een kwartier knipte Melle zijn zaklamp aan.
Hij sloop zachtjes de trap af. Papa's werkkamer lag op de eerste verdieping.
Beneden hoorde hij zijn ouders in de woonkamer lachen.
Ze keken naar iets grappigs op de televisie.
Hij scheen rond met zijn zaklamp.
Het bureau van papa stond in het midden van de kamer. In de hoek stond een grote bruine leren stoel.
Waar verstop je een boek als je niet wilt dat kinderen het vinden? vroeg Melle zich af.
Hij trok voorzichtig een bureaulade open.
Krrrggg. Wat een herrie maakte dat!
Zijn hart bonkte in zijn keel.
Hij zag allemaal snoepjes liggen en stopte er een in zijn mond.
Toen probeerde hij de lade zachtjes weer dicht te doen. *Krrrggg*.
Hij keek verder de kamer in.
Tegen de muur stond een hoge boekenkast. Die kwam bijna tot aan het plafond. Helemaal gevuld met boeken over dieren.
Papa werkte in Museum Naturalis. Daar kon je van heel dichtbij allemaal opgezette dieren zien. Sommige dieren had papa zo mooi gemaakt dat het net leek of ze nog leefden.
Melle noemde het altijd 'de dode dierentuin'.
Hij scheen met zijn lamp langs de boeken. Er zat geen boek tussen dat hij niet herkende.
Hij richtte zijn zaklamp verder omhoog.
Plotseling lichtten er twee groene ogen op in het donker.
Ze keken Melle aan.

Hij liet van schrik de zaklamp uit zijn handen vallen.
Boink. Met een harde klap stuiterde de lamp op de grond.
Melle luisterde geschrokken. Maar beneden hoorde hij zijn ouders nog steeds lachen.

Hij pakte voorzichtig de zaklamp op en scheen ermee omhoog.
Boven op de kast gloeiden de ogen van een opgezette eekhoorn. Die had papa ooit van het museum gekregen.
Onder de eekhoorn zag hij nog net een hoekje van een boek.
Of eigenlijk een soort dik schrift.
Het zag er oud en veelgelezen uit.
Snel pakte Melle de stoel van achter het bureau.
Hij ging op zijn tenen op de stoel staan en probeerde het boek te pakken.

Het lukte niet.
Melle pakte een paar dikke, zware boeken van het bureau. Hij stapelde de boeken op de stoel en klom erop.
De stapel wiebelde heen en weer maar nu kon hij er net bij.
Hij pakte het boek en sprong zachtjes van de stapel.

Toen liep hij naar de grote leren stoel en legde het boek op zijn schoot.
Er staken allemaal gele briefjes met aantekeningen uit.
Melle scheen met de zaklamp op de letters die op de voorkant stonden en las: *Het Boek der Nederlandse Gorgels en Brutelaars*.

DE WAAKGORGEL

Melle stopte de zaklamp in zijn mond. Zo kon hij allebei zijn handen gebruiken om te bladeren.

Hij opende heel voorzichtig het boek.

Op de eerste pagina was een geel briefje geplakt met allemaal moeilijke woorden. Hij herkende het handschrift van zijn vader.

Hij bladerde verder.

Zijn oog viel op een oude verkreukelde wazige foto, die met plakband op het papier geplakt was.

Hij herkende het wezentje op de foto meteen.

Het was precies zo'n bolletje wol als hij in zijn slaapkamer had gezien!

Melle voelde zijn gezicht helemaal warm worden.

Onder de foto stond met grote letters: WAAKGORGEL.

Dit handschrift herkende hij niet.

Hij las snel verder:

Melle las het laatste nog een keer.
Hij was dus in gevaar. Of hij sliep niet goed.
Onder de tekst zag Melle een geel briefje van zijn vader.
Melle moest zijn neus bijna op het papiertje drukken om het te kunnen lezen. Er stond: vitrine 6.2 afdeling rood.
Het woord 'vitrine' kende Melle wel. Dat was een glazen kast waar de opgezette dieren van het museum in werden gezet.
Melle was heel vaak in het museum geweest. Maar hij wist zeker dat hij nog nooit een Gorgel in een vitrine had gezien.
Ineens spitste hij zijn oren. Hij hoorde beneden de televisie niet meer.
Melle klapte meteen het boek dicht. Hij klemde het stevig onder zijn oksel en sloop zachtjes terug naar de bureaustoel.
Voorzichtig klom hij op de stapel boeken. Hij ging op zijn tenen staan en legde het boek snel weer terug op de kast.
Plotseling begon de toren van boeken gevaarlijk te wiebelen en…
Boem… Klabam!
Melle viel op de grond.
De zware boeken klapten naast hem neer.
Hij hoorde de huiskamerdeur opengaan.
Melle voelde pijn in zijn rechterknie.
Hij hinkte zo snel als hij kon naar het raam en verstopte zich achter het gordijn.
Precies op dat moment ging de deur van de werkkamer open.
Het licht ging aan.
Hij zag door het gordijn heen dat het zijn vader was die binnenkwam.
De ogen van papa schoten meteen naar het boek boven op de kast.
Toen keek papa nog even snel de kamer rond en zag de boeken op de grond liggen.
Melle hield zijn adem in.

'Wat was dat nou?' hoorde hij zijn moeder beneden roepen.
'Er zijn wat boeken gevallen,' zei papa.
'Ruim het dan ook een keer netjes op,' riep mama. 'Sloddervos!'
Papa deed het licht weer uit en liep naar beneden.
Melle haalde opgelucht adem.
Hij sloop terug naar zijn slaapkamer.
Hij zag een rode vlek op zijn pyjamabroek ter hoogte van zijn knie.
Morgen even een pleister op doen, dacht Melle.
In bed probeerde hij wakker te blijven. Zou de Gorgel vannacht weer komen?
Maar het was een spannende dag geweest. Melle viel binnen twee minuten in een diepe slaap.

Hij droomde dat er een Waakgorgel uit zijn gymschoen kroop.
En dat de Gorgel heel zachtjes op de wond van zijn knie blies.
Net zolang tot er een korstje op zat.

DE LUIE ZATERDAG

Melle werd laat wakker.

Het was zaterdag en dan hoefde hij niet vroeg op.
Hij dacht meteen aan de foto van de Gorgel. En aan zijn val van de stoel.
Hij keek naar zijn knie. Er zat een mooi bruin korstje op... en het deed geen pijn meer.
Melle liep naar beneden.
Hij wilde zo snel mogelijk het geheimzinnige boek weer bekijken.
Maar de slaapkamer van zijn ouders lag naast de werkkamer. En de slaapkamerdeur stond wagenwijd open.
'Melle, we zijn al wakker hoor,' riep mama. 'De wekker ging per ongeluk af vanmorgen.'
'Kom je naast mij liggen?' vroeg Limoni. Die lag al tussen papa en mama in.
Het was vandaag de Lui-In-Bed-Liggen-En-Niets-Doen-Ochtend.
Zoals elke zaterdag.
'Lieverd, als jij de televisie aan doet, dan maak ik een lekker ontbijtje voor jullie,' zei mama tegen papa. Ze stapte uit bed en trok haar badjas aan.
'Mag ik dan een spelletje op de iPad spelen, papa?' vroeg Melle.
Papa knikte.
Melle speelde de rest van de ochtend een spelletje met een vogel die nergens tegenaan mocht vliegen.

Na de Lui-In-Bed-Liggen-En-Niets-Doen-Ochtend zei papa: 'Ik ga eerst eens even mijn werkkamer opruimen.'
'Heel goed, schat. Succes,' zei mama lachend. 'Dat gaat wel even duren. Tot over een paar weken!'

Melle fronste zijn wenkbrauwen. Dat was een tegenvaller. Nu kon hij het boek niet pakken. En hij wilde zo graag verder lezen!

Melle sloot zich op in zijn eigen kamer.

Om de tijd te vullen las hij zijn lievelingsboek. Het heette *Vogels, dieren en planten van het Eiland.*

Dat was handig als hij weer naar opa en oma zou gaan. Die woonden op het Eiland.

Ik hoop dat ik snel weer bij opa en oma mag logeren, dacht Melle.

Dan kon hij de hele dag door de natuur wandelen en vogels kijken.

Bij de gedachte alleen al werd hij vrolijk.

Hij bladerde door het boek. Hij zag een mooie foto van twee bekende wadvogels. Een kluut en een wulp.

‘Bij de kluut gaat de snavel met een bocht omhoog en bij de wulp gaat de snavel met een bocht omlaag,’ zei Melle hardop. Dat had opa hem geleerd.

Op de achtergrond zag hij de rode vuurtoren van het Eiland. Die had hij in het klein in zijn kamer staan.

In het boek stond ook hoe je krabben moest vangen in de haven. Dat leek Melle wel wat.

Een krabhengel maak je met een lange stok en een stukje touw met een wasknijper.
Knijp aan de wasknijper een stukje boterhamworst of salami.
Loop langs de haven en probeer een krab te vinden.
Die zitten meestal vlak bij de kant. Of op de palen in het water.
Laat de wasknijper met het vlees in het water zakken vlak bij een krab.
De krab zal het stukje vlees pakken met zijn schaar.
Dan haal je de hengel omhoog.
Pak de krab achter zijn ogen vast, dan kan hij je geen pijn doen met zijn scharen.
Speeltip: Zijn er meerdere kinderen die krabben hebben gevangen?
Zet de krabben dan naast elkaar op de grond en laat ze allemaal op hetzelfde moment los. De krab die het eerst bij het water is, heeft gewonnen.

Melle kon het boek bijna niet wegleggen. Er stonden zoveel leuke dingen in die je in de natuur kon doen!
Klingeling. De etensbel ging.
Is het al zo laat? dacht Melle.

Na het avondeten stond papa op. Hij pakte zijn bruine werktas. 'Ik ga nog even naar het museum.'
Hij gaf iedereen een kus.
Even later zag Melle hem op de fiets wegrijden.
Dit was het moment waar hij de hele dag op gewacht had!
'Ik ga slapen,' zei Melle.

Mama keek verbaasd. 'Alweer? Normaal moet ik jou met een hijskraan naar boven takelen,' zei ze.
'Ik voel me niet zo lekker,' loog Melle.
Hij rende naar boven. De deur van de werkkamer stond open.

Melle keek naar de bovenkant van de boekenkast.
Onder de opgezette eekhoorn was niets meer te zien. Het boek was verdwenen.

BOBBA

De hele zondag zat Melle chagrijnig in zijn kamer.
Hoe kon hij ooit nog iets te weten komen over de Gorgels?
'Wat ben jij mopperig vandaag,' zei mama na het avondeten. 'Ga maar lekker vroeg slapen, dan ben je morgen misschien wat gezelliger.'
Melle liep mokkend naar boven, kleedde zich uit en dook zijn bed in. Hij deed zijn ogen dicht. Maar hij kon niet in slaap komen.
Na tien minuten hoorde hij wat geritsel. Hij deed zijn ogen half open.
Tussen de dierenboeken in zijn boekenkast zag hij het bolletje wol tevoorschijn sluipen.
Melle voelde zijn hart sneller kloppen.
'Ik zie je wel, hoor,' zei hij zachtjes en hij deed zijn ogen nu helemaal open.
De Gorgel viel achterover van schrik. *Flitsss*. Weg was hij.
Melle keek goed zijn kamer rond en zag nog net één Gorgelvoetje uit de kledingkast steken.
'Kom maar uit de kast,' zei Melle lachend.
Flitsss! Weer was de Gorgel weg.
'In mijn laars,' zei Melle. *Flitsss!*
De Gorgel rende razendsnel steeds ergens anders heen.
Nooit van zijn leven had Melle iemand gezien die zo snel kon rennen. *Flits, flits, flitsss!*
Maar met zijn superogen kon Melle precies zien waar de Gorgel naartoe ging.
Na vijf minuten was de Gorgel doodmoe.
Hij ging op de grond zitten en legde zijn stok neer. Zijn borstkas

ging snel op en neer en hij keek Melle verbaasd aan.
Melle pakte het flesje water naast zijn bed. Hij schonk wat water in het dopje van de fles en zette dat voor de Gorgel neer.
De Gorgel dronk het dopje in één keer leeg.

'Ik ben Melle,' zei Melle zachtjes.
De Gorgel keek hem aan en zei niets.
Melle keek de Gorgel op zijn allerliefst aan. 'Je hoeft niet bang te zijn. Ik doe je niets. Hoe heet jij?'
De Gorgel stond op en liep met zijn stok in zijn hand naar Melle toe. Vlak voor het bed stopte hij. Hij wees met zijn kleine vinger naar zichzelf.
'Bobba,' zei de Gorgel met een zachte, lage stem. 'Ik heet Bobba.'
Melle ging langzaam met zijn vinger richting het kleine handje van Bobba.
Bobba twijfelde even. Toen stak hij zijn hand uit en schudde de vinger van Melle.

DE ANDEREN

Melle had nu de kans om de Gorgel goed te bekijken.
Hij zag de grote ogen en de gekke lange harige oren.
Hij begreep ook waarom hij de Gorgel een 'bolletje wol' had genoemd. Bobba droeg een jas van schapenvacht.
Uit de wollen jas staken gespierde armpjes en beentjes. De Gorgel zag er topfit uit.
Bobba pakte zijn stok en ging net als vorige keer op de rand van het bed zitten. Hij keek Melle aan.
'Jij-kan-Bobba-dus-gewoon-zien-zeg-maar-of-niet-of-wel,' zei Bobba. Melle moest heel goed luisteren, want Bobba sprak net zo snel als hij kon rennen.
Melle knikte. 'Mijn vader zegt altijd dat ik superogen heb.'
Bobba keek naar Melle en keek hem met nog grotere ogen aan.
Melle hoorde Bobba zachtjes mompelen. 'Net-als-de-Krulman, net-als-de-Krulman,' zei hij snel achter elkaar.
'Wat zeg je?' vroeg Melle. 'De Krulman, wie is dat?'
Bobba schrok. 'Nou, eh, niets, zeg-maar. De-Krulman-kan-ook-Gorgels-zien, zeg-maar.'
Melle dacht terug aan het telefoongesprek van zijn vader.
Die bromstem aan de andere kant van de lijn kon ook Gorgels zien.
Was die meneer misschien de Krulman?
'Bobba-is-zeg-maar-de beste-Waakgorgel. Jij-bent-helemaal-veilig-bij-Bobba. Jou-kan-helemaal-niets-gebeuren-zeg-maar. Moet-je-kijken,' zei Bobba.
Hij wipte van het bed en zwaaide gevaarlijk met zijn stok heen en weer.

Dan weer achter zijn rug. Dan weer boven zijn hoofd.
De stok ging razendsnel door zijn kleine handjes.
Melle klapte zachtjes in zijn handen toen de Gorgel klaar was.
Bobba maakte een buiging en Melle zag zijn wangen rood worden.

'Waar moet je mij tegen beschermen?' vroeg Melle.
Het gezicht van Bobba werd in één keer weer wit.
'Bobba-gaat-daar-helemaal-niets-over-zeggen-zeg-maar,' zei Bobba.
'Dat-is-allemaal-veel-te-eng-voor-jou. Daar-ben-jij-veel-en-veel-te-jong-voor.'

‘Ik word er gek van,’ zei Melle boos. ‘Iedereen vindt mij te jong! Ik ben niet bang. Ik wil het gewoon weten!’
Melle keek Bobba zo boos mogelijk aan. Maar dat hielp niet, Bobba liet niets los.
Melle dacht even na. ‘Dan pak ik je stok af!’
Dat meende hij natuurlijk niet, maar hij moest iets proberen.

Bobba schrok. Hij keek eerst naar zijn stok en toen weer naar Melle.
Hij twijfelde maar liep toen langzaam naar Melle.
Hij boog zich naar hem toe en fluisterde in zijn oor: ‘De-Anderen.’
‘Wie zijn toch de Anderen?’ vroeg Melle.
Toen dacht hij aan… ‘Bedoel je Brutelaars?’ riep hij.
Bobba’s mond viel open. ‘Ssssst!’ siste hij. ‘Niet-zo-hard-joh-zeg-maar-hoe-weet-jij-dat?’
‘Uit een boek,’ zei Melle trots.

DE R IN DE MAAND

38 ‘Wat zijn Brutelaars?’ vroeg Melle. ‘En wil je iets langzamer praten? Dan kan ik je beter verstaan.’

Bobba knikte.

‘Dat gaat Bobba jou haarfijn en helemaal uitleggen zeg maar,’ zei Bobba langzaam. ‘Maar dan moet jij absoluut niet mijn stok afpakken. Dat moet je Bobba beloven, zeg maar, of niet, of wel.’

Melle keek Bobba de Gorgel ernstig aan en zei plechtig: ‘Ik beloof het.’

Bobba schraapte zijn keel en begon zachtjes te vertellen.

‘Brutelaars zijn, zeg maar, de allergemeenste wezens van de hele wereld. Ze hebben een grote mond. En een lange neus. Met allemaal wratten en pukkels. Ze stinken helemaal naar verrotte zweetsokken, maar dan veel en veel en veel erger.’

Bobba kneep zijn neus dicht met zijn vingers. ‘Blèèèèh.’

Melle kende die geur wel. Als zijn vader had gevoetbald, stonk het hele huis naar zijn zweetsokken.

‘Als de Brutelaars in jouw mond blazen, zeg maar, dan word jij heel erg ziek. Helemaal. Ze komen zeg maar altijd als de R in de maand zit,’ zei Bobba.

Melle dacht na: de R in de maand.
'JanuaRi, FebruaRi, MaaRt, ApRil, SeptembeR, OktobeR, NovembeR en DecembeR.'
Dat had hij niet zo lang geleden op school geleerd.
Bobba knikte bewonderend.
'Ben jij wel eens helemaal ziek geweest, of niet, of wel?' vroeg Bobba aan Melle.
Melle knikte. Hij was een paar maanden geleden ziek geweest.
Het was begonnen met pijn in zijn keel. En toen werd zijn voorhoofd heel heet.
Hij had ook nog in de wc gespuugd en was drie dagen niet naar school geweest.
Bobba fluisterde: 'Toen heeft een Brutelaar jou, zeg maar, in je mond geblazen.'
Melle schrok. Dat was inderdaad een eng idee.
'Soms zijn er meerdere Brutelaars in een kamer. En als ik dan vecht met de ene blaast die andere in jouw mond. Maar Bobba-gaat-jou-nu-helemaal-beschermen.' Hij begon weer sneller te praten. 'Bobba-is-de-beste Waakgorgel-van-de-hele-wereld!'
Bobba stopte even en keek snel om zich heen. Er was niets te zien.
Melle gaapte.
Bobba zei: 'Jij bent helemaal moe. Bobba gaat morgen verder vertellen.'
'Ja maar, ik heb nog zoveel vragen,' zei Melle.
'Morgen... morgen,' zei Bobba.
Melle gaapte weer.
Plotseling maakte Bobba een laag, vreemd zoemend geluid en hij wiegde met zijn lichaampje heen en weer voor de ogen van Melle.
Melle werd er slaperig van. Even later hoorde hij niets meer.

DE DODE DIERENTUIN

Melle werd wakker van harde vogelgeluiden. Hij hoorde een grutto, een tjiftjaf en een tureluur.

De geluiden van deze vogels waren niet zo moeilijk te onthouden. Ze schreeuwden altijd hun eigen naam.

Hij drukte met zijn hand op het knopje van zijn wekker. De vogels waren meteen stil.

Die wekker met vogelgeluiden had Melle een keer van opa gekregen. Het was de leukste manier van wakker worden. Zo leek het net of hij buiten had geslapen.

Melle deed zijn ogen open.

Bobba was nergens te zien. Die was natuurlijk hartstikke moe na een hele nacht waken.

Ik moet zo veel mogelijk vragen verzinnen vandaag. Dan kan Bobba ze vanavond beantwoorden, dacht Melle.

Hij voelde een kriebel in zijn buik. Hij had sinds gisteren een nieuwe vriend.

Melle kleedde zich aan en liep naar beneden. De rest van het gezin rende door de gangen. De wekker was weer niet afgegaan.

Papa stond al met zijn jas aan bij de deur. Zijn gezicht was nog een beetje verkreukeld van de slaap.

'Ik moet nog zoveel dingen regelen. Ik ga wat eerder naar het museum. Het moet natuurlijk wel het leukste schoolreisje ooit worden,' zei hij. Hij gaf Melle een knipoog.

O ja! Melle was het helemaal vergeten. Ze gingen deze morgen met de hele klas naar het museum van papa. En aan het eind van de week begon de herfstvakantie!

'Jippie!' riep Melle. En hij gaf papa een extra dikke knuffel.

Melle at snel wat boterhammen en fietste naar school.
In de klas zat iedereen door elkaar heen te praten. Naar een museum gaan is natuurlijk veel leuker dan rekenen.
'Jongens, hou je jas maar aan,' riep juf Marloes. 'En trek allemaal een geel hesje aan zodat we goed zichtbaar zijn.'

Met de hele klas fietsten ze naar Museum Naturalis.
Bij de ingang zag Melle papa al staan.
'Kijk,' zei juf Marloes, 'dat is de papa van Melle en die gaat ons het hele museum laten zien.'
Melle gloeide van trots.
'Hallo allemaal. Welkom in Naturalis. Wie het eerst het kleine ijsbeertje vindt, krijgt van mij dit mooie dierenboek,' zei papa. Hij zwaaide met het boek boven zijn hoofd.
De hele klas begon te juichen. 'Melle mag natuurlijk niet meedoen. Want die weet alles al,' zei papa, en hij haalde even snel zijn hand door Melles haar.
'Gaan jullie mee?' vroeg hij.
'Jááá!' riep de hele klas opgewonden.
Ze liepen door een grote gang.
'Kijk uit dat je niet tegen de dikke billen van het kleine neushoorntje botst!' zei papa.
De klas lachte en liep voorzichtig langs het baby-neushoorntje.
Ze kwamen langs de grote slang in de glazen pot. En langs de krokodil. Papa legde bij elk dier uit waar het leefde.
Opeens schreeuwde Max: 'Gevonden, gevonden!' Met zijn vinger wees hij naar het kleine ijsbeertje onder de buik van de grote ijsbeer.
Papa gaf hem het boek. 'Heel goed,' zei hij. 'Kom,' riep hij naar de rest van de klas. 'Dan mogen jullie allemaal de hond aaien.'
De klas rende achter hem aan.
Onderweg wees papa naar een koala die aan een pilaar hing.

'Melle, vertel jij de klas maar iets over dit mooie beestje,' zei hij.
'Nou, eh, de koala is een buideldier en hij slaapt wel twintig uur per dag,' vertelde Melle.
'Dat zou de moeder van Melle soms ook wel willen,' zei papa.
De klas lachte. Melle werd een beetje rood.
'Jij weet echt vet veel, Melle,' zei Josephine.
Zij was het mooiste meisje van de klas. Melle werd er verlegen van.
'Willen jullie mijn werkkamer ook zien?' vroeg papa.
'Jááá!' riep de klas.
Papa pakte zijn rode pasje. Dat hing met een geel touwtje om zijn nek.
Vlak achter de opgezette pony was een deur. Daar kon je alleen naar binnen als je een pasje had.
Papa hield het pasje voor de deur en hij zwiepte open.
Ze liepen door een lange gang. Ook daar waren opgezette dieren in glazen kastjes te zien.
Ze kwamen langs een vitrine met een witte uil. Melles lievelingsvogel. Hij kende hem uit de Harry Potter-films.
Op het bordje naast de kast stond: SNEEUWUIL. VITRINE 19.4 AFDELING BLAUW.
Melle dacht opeens aan het boek over de Gorgels. Daar had hij ook het woord 'vitrine' gelezen en iets met 'afdeling rood'.
Hij zou zijn superogen vandaag extra goed gebruiken.
Ze kwamen bij de werkkamer van zijn vader. De klas wurmde zich naar binnen.
Papa liet zien hoe hij een dode vlinder weer mooi kon maken.
Hij plakte de vlinder met zijn vleugels opengespreid op een takje.
Het leek alsof hij zo weg kon vliegen. De klas vond het prachtig.
Maar Melle lette niet op. Hij keek naar de kast.
Zijn superogen lieten hem niet in de steek.
Boven op de kast lag het boek met de gele briefjes.

MELLE LEERT STOKVECHTEN

Juf Marloes keek op haar horloge.
'O nee, we zijn bijna te laat. We moeten terug naar school. De overblijf-juf wacht op ons.'
Papa ruimde de vlinder op.
'Heeft iemand nog dringende vragen?' vroeg hij aan de klas.
Stan, een stoere jongen, stak zijn vinger op.
'Wat zit er achter die rode deur?' vroeg hij.
Hij wees naar een rode deur achter in de kamer.
Het was Melle ook al opgevallen dat daar een deur zat. Normaal hing daar een wit gordijn voor.
Papa werd een beetje rood. Hij liep snel naar achteren en trok het gordijn voor de deur.
'Daar woont de kerstman,' zei papa. 'Maar niet verder vertellen, hè?'
De klas moest lachen.
Ze liepen met zijn allen weer naar buiten en stapten op de fiets.
Papa zwaaide net zolang tot ze hem niet meer konden zien.
'Jouw vader is echt vet cool,' zei Josephine en ze fietste naast Melle terug naar school.

Meteen na het avondeten rende Melle naar boven.
'Ik ga slapen,' riep hij.
Papa keek mama verbaasd aan. 'Wat is er toch met Melle aan de hand?' zei hij.
'Ik denk dat hij aan het groeien is. Daar word je erg moe van,' zei mama.
Melle deed de gordijnen dicht en sprong in zijn bed.
Na enkele minuten zag hij Bobba met zijn stok uit een lade van zijn bureau kruipen.

‘Hallo, Bobba,’ fluisterde Melle.
Bobba lachte. Hij schudde met zijn hand de vinger van Melle.
‘Bobba wil eerst even helemaal naar jouw knie kijken,’ zei hij.
Melle keek hem verbaasd aan.
Hij had vanmiddag na school een buizerd zien vliegen. Een grote roofvogel. Terwijl hij naar de buizerd hoog in de lucht keek, was hij tegen een muur op gelopen.

De schaafwond op zijn knie was weer een beetje opengegaan.
‘Hoe weet jij dat nou, Bobba?’ vroeg Melle verbaasd.
Bobba lachte. ‘Wij Gorgels kunnen dat, zeg maar, voelen bij kinderen,’ zei hij geheimzinnig.
Melle duwde de deken van zijn been af.
Bobba pakte uit zijn schapenwollen jas een leren zakje. Er zat een soort bruine klei in.
Hij smeerde heel voorzichtig wat van de bruine klei op de wond.
‘Morgen zit er weer helemaal een korstje op jouw knie,’ zei Bobba.
‘Bobba, je bent net een tovenaar!’ zei Melle. De kleine Gorgel glom van trots. ‘Wat kunnen Gorgels allemaal nog meer?’
Bobba vertelde dat hij als kind al Waakgorgel wilde worden. Zijn vader was ook Waakgorgel geweest. En zijn opa ook.
Als er geen R in de maand zat, kwam zijn papa altijd naar huis.
Dan leerde hij de kleine Bobba stokvechten.
Hij speelde ook verstoppertje met hem. Jezelf goed kunnen verstoppen is heel belangrijk voor Gorgels.
Toen Bobba over zijn ouders vertelde, zag Melle een klein traantje in zijn ooghoek.
Het was nu pas oktobeR.
In mei zal Bobba zijn ouders pas weer zien, bedacht Melle. Dat was de eerste maand zonder de letter R.
‘Ik ga jou eens helemaal leren stokvechten,’ zei Bobba tegen Melle.
Hij veegde snel de traan weg.

Melle stapte uit bed. Dat was wel heel stoer.
Hij pakte een lange pen van zijn bureau.
Bobba zwiepte met zijn stok. Melle deed hem na.
In het begin was het heel moeilijk. Maar het ging steeds beter.
Na een uur oefenen zei Bobba: 'Melle, jij bent helemaal moe. Jij moet morgen naar school. En ik ga nu over jou waken, zeg maar.'
Melle stribbelde nog even tegen. Maar toen Bobba weer zo geheimzinnig begon te zoemen was hij binnen een minuut weg.
Hij droomde dat Bobba hem een kus op zijn neus gaf en naast zijn hoofd op zijn kussen ging zitten.
Misschien was dat ook wel zo.

BOBBA RUIKT GEVAAR

De hele week ging Melle meteen na het eten naar bed.
En elke avond mocht hij van Bobba nog een uur met hem praten. Of stokvechten.
Melle liet Bobba zijn vogelboek zien.
Bobba was ook dol op vogels. Hij kende er net zoveel als Melle.
Ze vertelden elkaar alles wat ze wisten. Vooral over roofvogels. Die vonden ze het mooist.
'Heb jij wel eens een sneeuwuil zien vliegen, Bobba?' vroeg Melle.
'Nee,' zei Bobba. 'Nooit. Nooit. Nooit. Dat-is-een-grote-wens-van-Bobba-zeg-maar-helemaal.' Als Bobba blij werd, begon hij weer snel te praten.
Melle wilde ook graag een keer een sneeuwuil in het echt zien. Maar de sneeuwuil komt in ons land niet voor.
'Drie jaar geleden is hij gespot op het Eiland van opa en oma. Hij heeft er een week rondgevlogen. Toen is hij weer naar het noorden gevlogen,' vertelde Melle.
Plotseling ging de deur van zijn slaapkamer zachtjes open. Het hoofd van papa kwam achter de deur tevoorschijn.
'Moet jij niet slapen, Melle?' zei hij streng.
Melle keek vlug naast zich. Maar Bobba was gelukkig nergens meer te bekennen.
'Ja, papa,' zei Melle. En hij ging gauw in zijn bed liggen.
Zodra papa weg was, kwam Bobba sissend weer tevoorschijn.
'Bobba is helemaal bang van grote mensen,' zei hij.

De volgende avond zaten Melle en Bobba te praten over staartmeesjes.

Dat waren de allervrolijkste vogeltjes van de hele wereld.
Ze konden urenlang kwetteren met elkaar. Net als de meisjes op het schoolplein.
Plotseling stak Bobba zijn grote neus in de lucht.
'Ssssst!' zei hij.
Bobba zoog de lucht in de kamer heel hard door zijn neus naar binnen.
Melle zag hem zijn wenkbrauwen fronsen. En hij zwaaide een paar keer met zijn stok.
Melle schrok. Zo serieus had hij de Gorgel nog nooit gezien.
'Jij moet nu slapen, Melle,' zei Bobba streng. 'Morgen praten we verder.'
Melle wilde nog wat zeggen. Maar Bobba legde zijn vinger op Melles lippen. 'Jij moet nu slapen.' Hij drukte op het knopje van het nachtlampje.
Het werd pikkedonker in de kamer. Melle wachtte nog vijf minuten.
Hij hoorde niets meer.

DE BRUTELAAR

Midden in de nacht werd Melle wakker.
Vlak voor zijn bed zag hij Bobba op de vloer staan. Zijn stok zwaaide gevaarlijk heen en weer.
Plotseling kwam er een verschrikkelijk vieze zweetvoetengeur Melles neusgaten binnenglippen.
Hij keek zijn slaapkamer rond. In de hoek zag hij twee gele ogen die hem boos aankeken.
Melle wist het meteen. Het was een Brutelaar.
Hij zag de pukkels en de wratten van de Brutelaar. En hij hoorde hem diep grommen.
Melle voelde een rilling over zijn rug lopen.
Bobba stond dapper met zijn stok te zwaaien. Zijn ogen waren groter dan ooit en zijn oren bewogen heen en weer van de spanning.
Melle hoorde Bobba in een vreemde taal iets tegen de Brutelaar zeggen.
De Brutelaar gromde terug.
De vieze voorpoot van de Brutelaar schraapte een paar keer over de grond.
Dat doet een boze stier ook als hij gaat aanvallen, dacht Melle.
Hij had het goed gezien. De Brutelaar schoot uit de hoek op Bobba af.
Zijn bek stond wagenwijd open.
Melle zag wit slijm naar buiten druipen en schrok.
Bobba stond klaar in gevechtshouding.
'*Kijk uit, Bobba!*' riep Melle keihard.
Dat had hij beter niet kunnen doen.
Bobba schrok en keek naar Melle. Daardoor was hij net te laat om de

Brutelaar tegen te houden met zijn stok.
De Brutelaar beet in het linkerbeen van Bobba.
Samen rolden Bobba en de Brutelaar over de grond.
Bobba sloeg met de stok keihard boven op het hoofd van de Brutelaar.
De Brutelaar piepte van de pijn.
De dappere Bobba stond meteen weer op met zijn goede rechterbeen. Al hinkelend bleef hij de Brutelaar slaan.
Pats. Klets. Pok.
Melle wilde uit zijn bed komen.
'Jij-blijft-in-bed-zeg-maar. Je-hoeft-niet-bang-te-zijn. Ik-ga-jou-helemaal-beschermen!' hijgde Bobba.
Melle zag dat hij pijn had.
De Brutelaar probeerde van alles om de Gorgel weer te bijten.
Maar het lukte hem niet. Alle aanvallen hield Bobba dapper tegen met zijn stok.
Maar na de zoveelste uitval gleed Bobba uit. Hij was duidelijk moe van al dat gehinkel. Het zweet stond op zijn voorhoofd.
Dit was het moment waar de Brutelaar op had gewacht.
Hij nam een aanloop en sprintte richting Bobba.
Melle hield zijn adem in. Hij durfde bijna niet te kijken.
De Brutelaar lachte gemeen.

Melle zag dat hij zijn smerige bek opende.
Maar precies op het moment dat hij Bobba wilde bijten, sprong de dappere Gorgel met alle kracht die hij nog over had de lucht in. Wel een halve meter omhoog!
De Brutelaar liep verbaasd onder hem door.

In de lucht draaide Bobba zich om. En hij gaf met zijn stok een keiharde klap op de neus van de Brutelaar.
De Brutelaar jankte het uit.
Snel tilde de sterke kleine Bobba de Brutelaar op en gooide hem uit het openstaande slaapkamerraam.

ARME BOBBA

52

En toen was het stil.
Melle keek naar Bobba.
Die lag op de grond. Spierwit.
Er kwam een druppeltje bloed uit zijn linkerbeen.
Hij keek Melle verdrietig aan.
'Bobba heeft jou niet goed beschermd. Bobba heeft het helemaal niet goed gedaan, zeg maar. Bobba is de slechtste Waakgorgel ooit.'
Melle pakte Bobba vast. 'Nee, ik ben toch niet ziek geworden? Jij hebt me gered, Bobba! Je hebt fantastisch gevochten. Jij bent de dapperste Gorgel die er bestaat.'

Bobba kreunde.
'Nee, Melle. Bobba heeft helemaal gefaald, zeg maar. Bobba is een slechte Waakgorgel. Bobba's been is kapot. Als een Brutelaar een Gorgel bijt, wordt een Gorgel heel ziek. Bobba kan jou niet meer beschermen.'
'Het is allemaal mijn schuld,' zei Melle. 'Als ik niet naar je geroepen had, had de Brutelaar nooit in je been gebeten.'
Hij voelde een traan over zijn wang lopen.

Bobba's ogen gingen langzaam dicht. Hij was moe.
'Het-was-de-grootste-en-sterkste-Brutelaar-die Bobba-ooit-helemaal gezien-heeft!' zei hij nog.
'Stil maar,' zei Melle. 'Rust maar even uit.'
Melle pakte een zakdoek en veegde het druppeltje bloed van het gespierde been van Bobba. Uit de zak van Bobba's wollen jasje pakte hij het zakje met de bruine klei en smeerde die op het wondje.
Toen knipte Melle een stukje van zijn schoenveter af en bond dat om het been van Bobba.
Hij vulde het dopje van zijn flesje met water en schonk het voorzichtig in Bobba's mond.
Ten slotte haalde hij een washandje uit de kast. Die kon Bobba als slaapzak gebruiken.
Voorzichtig schoof hij de gewonde Gorgel in het washandje en legde hem naast zijn kussen.
Hij voelde aan het voorhoofd van de Gorgel. Dat was gloeiend heet.
Bobba had koorts. Hij rilde.

Ik moet Bobba weer beter maken, dacht Melle. Maar hoe?
Opeens kreeg hij een idee. Hij moest het boek hebben! Daar stond misschien wel in hoe Bobba beter kon worden.
Melle kroop weer in bed en zette zijn wekker op vijf uur.

DE DODE DIERENTUIN (2)

Melle voelde een klein handje in zijn neus knijpen. Het was Bobba.
'De vogels zijn zeg maar al vijf minuten aan het zingen,' zei Bobba.
'Ik denk dat jij helemaal wakker moet worden, of niet, of wel.'
Melle drukte slaperig op de knop van de wekker.
Het was nog donker buiten.
Nog half in slaap keek hij naar Bobba. Die zag er slecht uit. En hij had een verband om zijn been.
Melle sprong overeind. Hij wist opeens alles weer.
'Kom, Bobba, we gaan op pad,' fluisterde hij.
Hij kleedde zich aan en pakte zijn rugzak. Hij stopte zijn zaklamp en een handdoek erin.
Toen pakte hij Bobba voorzichtig op en legde hem op de handdoek.
'Lig je goed zo?' vroeg hij.
Bobba knikte.
Zachtjes sloop Melle de trap af. Hij trok zijn jas aan en viste toen het gele koordje met de rode museumpas uit papa's tas.
Hij rende op zijn tenen naar de garage en pakte zijn fiets.
Buiten was het donker en koud. Er was nog niemand op straat.
Melle knipte het licht van zijn fiets aan en fietste naar het museum.
Hij leek wel alleen op de wereld.
Hij hoorde de rits van zijn rugzak opengaan. Het hoofd van Bobba kwam tevoorschijn uit de rugzak.
'*Joebelabambam*!' riep Bobba blij toen hij de wind in zijn gezicht voelde.
Ze kwamen aan bij het museum.
Melle hield de pas van papa voor de ingang.
De deur van het museum floepte open.

Melle rende de trap op en door de lange gang.
Langs de billen van de kleine neushoorn.
Ze kwamen in de grote zaal. Melle pakte zijn zaklamp en knipte hem aan.
Honderden oogjes lichtten op in het donker.
Melle hoorde Bobba sissen.
'Ze doen niets,' fluisterde Melle. 'Het zijn opgezette dieren.'
Zelfs in het donker wist hij goed de weg in het museum.
Ze liepen langs de olifant. Langs de kameel. Onder de grote witte haai door, die boven hun hoofd hing.
In de verte zag Melle in het schijnsel van zijn zaklamp de opgezette pony al.
Daarachter was de gang naar het kantoor van papa.
Nu waren ze er bijna.
Ze renden langs de vitrine met de sneeuwuil.
'Kijk!' riep Bobba.
Maar Melle rende al verder.
Hij stopte voor de deur van zijn vaders werkkamer.

DE GRIJZE GORGEL

Melle zette Bobba voorzichtig op de tafel. Zijn been was opgezwollen. Melle deed zijn zaklamp in zijn mond en klom op de ladder die tegen de boekenkast van papa's werkkamer leunde.
Zo kon hij het boek met de gele briefjes van de kast pakken.
'Oké Bobba, wij gaan eerst even kijken welke Brutelaar jou gebeten heeft. Daar staat vast bij hoe we je weer beter moeten maken.'
Melle bladerde door het boek.
Eerst kwamen de hoofdstukken over de Gorgels.
Bij elke Gorgel was met plakband een foto geplakt. De foto's waren oud en een beetje vergeeld.
Melle keek zijn ogen uit.
Ze zagen foto's van vrouwen-Gorgels, baby-Gorgels en heel oude Gorgels.
'Kijk!' zei Bobba. Hij wees op een enorm gespierde Gorgel. 'Dat is Gug. Hij is de sterkste Waakgorgel. Bobba had vroeger een poster van Gug boven zijn bed.'
'Wat gaaf,' zei Melle.
Hij sloeg een pagina om. Daar was duidelijk een foto weggehaald. Je kon de afdruk van het plakband nog zien. Er stond boven: Grijze Gorgel.
'Wat is een Grijze Gorgel?' vroeg Melle.
Bobba schoot overeind. Hij was zijn pijnlijke been even vergeten. Zijn gezicht vertrok van de pijn.
'De Grijze Gorgel is helemaal de beste Gorgel. En de slimste. En de snelste. Hij is, zeg maar, de leider van alle Gorgels.'
Bobba glimlachte. 'Bobba heeft één keer een hand gegeven aan de Grijze Gorgel. Toen Bobba klaar was met de Waakgorgel-school. De

Grijze Gorgel zei toen tegen Bobba: "Porroporroguggelbam."
Dat betekent in het Gorgels: "Ik ben helemaal trots op jou."'
Bobba keek trots naar zijn hand, die de hand van de Grijze Gorgel had geschud.
Melle bladerde verder in het boek.
Nu kwamen ze bij de hoofdstukken over de Brutelaars.
De meest walgelijke en vieze wezens kwamen voorbij.
Er stond steeds bij wat er gebeurde als de Brutelaar in je mond ademde.
Bij een lange paarse Brutelaar stond: buikpijn.
Bij een andere: hoofdpijn.
Bobba wees naar een klein groen Brutelaartje.
'Die heb ik deze week nog een paar keer helemaal weggejaagd,' zei Bobba trots.
Er stond 'Groen snot in neus' bij.
'Zie jij de Brutelaar al die jou gebeten heeft?' vroeg Melle.
'Nee,' zei Bobba. En hij wreef over zijn pijnlijke been.
De pijn werd erger. Melle zag het aan zijn gezicht.
Plotseling floepten alle lichten in het kantoor aan.
Bobba en Melle schrokken.
Bobba zwaaide vervaarlijk met zijn stok heen en weer.
'Snel in de rugzak, Bobba,' zei Melle.
Bobba hinkte naar de rugzak.
Melle klapte het boek dicht en luisterde aan de deur.
'Ik hoor voetstappen,' fluisterde Melle.

Hij keek om zich heen. Ze moesten zich verstoppen.
Voorzichtig pakte hij de rugzak, rende naar het witte gordijn en schoof het opzij. Daar was de rode deur.
Melle probeerde de deur open te krijgen. Maar hij zat op slot.
Hij probeerde het met de rode pas.
Er gebeurde niets.

Naast de deur zag hij een beeldschermpje. Het leek een beetje op een mobiele telefoon.
Melle drukte op een groene knop. Je moest een code invoeren.
Melle toetste de code van papa's telefoon in. Dat was de enige code die hij kende.
Hij drukte nog een keer op de groene knop.
Klik.
De rode deur ging open.
Melle glipte snel met zijn rugzak naar binnen en deed de deur dicht.
Hij keek om zich heen. Zijn mond viel open.

AFDELING ROOD

In de zaal scheen blauw licht. De muren waren rood. En er waren overal vitrines.
Honderden, misschien wel duizenden Gorgels en Brutelaars keken Melle aan.
Bobba stak zijn hoofd uit de rugzak en begon te sissen.
'Bobba gaat jou helemaal beschermen, Melle,' zei de Gorgel en hij zwaaide met zijn stok.
Melle liep naar de vitrine die het dichtst bij hen stond.
Daarin zat een vrouwelijke Gorgel stokstijf op een tak.
Hij keek er goed naar.
'Ze zijn niet echt, Bobba. Ze zijn van klei. Het zijn modellen,' zei Melle. 'Iemand heeft ze perfect nagemaakt.'
Hij liep langs de vitrines.
Daar waren de Brutelaars. De een nog enger dan de ander. Ze hadden alle kleuren van de regenboog.
De rillingen liepen Melle over de rug.
Bobba zwaaide vanuit de rugzak weer met zijn stok heen en weer.
Melle keek met zijn superogen snel de hele zaal rond.
Hier moest hun Brutelaar toch ergens tussen staan.
In een hoek van de zaal zag hij iets wat hij herkende. Hij rende erheen. Hij zag het krokodillenlijf. De gele ogen. En het opgedroogde groene snot bij de neus.
Het was de Brutelaar die ze zochten. Groter dan alle andere Brutelaars in de zaal.
Bobba schoot uit de rugzak en sloeg met zijn stok bijna de vitrine kapot.
'Voorzichtig, Bobba,' zei Melle streng.

Hij keek op het bordje naast de vitrine: GROENLANDSE BRUTELAAR. RODE AFDELING, VITRINE 8.1

Er stond met kleine letters nog iets onder geschreven. Het was hetzelfde vreemde handschrift uit het boek. Melle bukte om het goed te kunnen lezen:

Uitgestorven sinds 1977.

Plotseling voelde hij een hand op zijn schouder.

Hij sprong op. Bobba schoot weg in de rugzak.

Melle keek verschrikt omhoog.

Het was papa.

En hij had hem nog nooit zo boos zien kijken.

EEN LEVENDE GORGEL

‘Melle, wat doe jij hier? Kom onmiddellijk mee!’ schreeuwde papa.
Hij sleepte Melle terug naar de werkkamer en sloeg de rode deur met een harde knal achter hen dicht.

Toen ging hij op een stoel zitten, zodat hij Melle recht in zijn ogen kon kijken.

Zijn haar zat helemaal in de war. Hij had onder zijn jas zijn pyjama nog aan.

‘Melle, hoe kun je... Waarom... Wat dóé je hier?’ Papa stotterde en hakkelde.

Hij wist niet waar hij moest beginnen, zo boos was hij. Hij schudde Melle aan zijn schouders heen en weer.

‘Wat jij net gezien hebt... zijn... eh... speelgoedbeestjes. Die maak ik voor een fabriek in Japan. Een soort... eh... monsterknuffels voor in bed. Maar daar ben jij veel te groot voor. Vergeet maar dat je ze gezien hebt. We gaan terug naar huis en praten hier nooit meer over.’

Hij pakte de rode pas af die Melle om zijn nek droeg. ‘En die is van mij. En nu gaan we naar huis!’

‘Maar papa...’ zei Melle. ‘Ik...’

‘Ik wil niets meer horen,’ zei papa.

Hij pakte Melle bij zijn arm en trok hem de gang in.

‘Papa, kijk eerst even!’ schreeuwde Melle.

Hij rukte zich los en greep snel zijn rugzak. Hij deed de rits open.

Bobba kwam als een raket met zijn hoofd uit de rugzak.
Hij gromde hard en zwaaide sneller dan ooit met zijn stok heen en weer.
Papa viel bijna achterover van schrik.

'Is dat een levende Gorgel?' stamelde hij.

DE KRULMAN

'Dit is Bobba, papa. Mijn Waakgorgel. En die speelgoedbeestjes zijn Brutelaars. Ik weet hoe het zit!' zei Melle boos.
Bobba werd roder en roder en begon te sissen.
Er kwam zelfs een beetje rook uit zijn spitsige oren.
'Doe die rugzak snel dicht, Melle,' zei papa opeens kalm. 'Gorgels hebben een hekel aan grote mensen.'
Melle deed de rits dicht. Hij hoorde Bobba rustiger worden.
'Ik wil alles weten,' zei papa. 'En eh... sorry, Melle. Ik had beter moeten weten. Met die superogen van jou. Stom van me.'
Samen liepen ze terug naar zijn werkkamer.
Papa ging op het bureau zitten en Melle op de stoel.
Melle keek nog even in de rugzak. Bobba lag te slapen. Hij rilde weer van de koorts.
Toen vertelde hij papa alles.
Over Bobba, het boek boven op de kast en het gevecht van Bobba met de Groenlandse Brutelaar.
Papa luisterde aandachtig. Af en toe schreef hij iets op een geel briefje.
'Dus,' zei Melle ten slotte, 'ben ik naar het museum gegaan om te kijken hoe ik Bobba weer beter kan maken. Toen zag ik de Groenlandse Brutelaar en toen stond jij opeens naast me.'
Papa schoof heen en weer op zijn bureau.
'Als iemand mijn kantoor binnengaat terwijl ik er niet ben, begint mijn telefoon te piepen,' legde papa uit. 'Omdat mijn afdeling de geheimste afdeling is van heel Nederland. Er zijn maar twee mensen die van deze afdeling weten. Nu dus drie. Ik schrok toen vanmorgen het alarm afging en mijn rode pas verdwenen was. Ik ben meteen

met m'n reservepas hierheen gefietst.'
Papa zuchtte en begon door de kamer te ijsberen.
'De Groenlandse Brutelaar is dus terug... Hoe kan dat nou?' mompelde hij. Hij fronste zijn wenkbrauwen. 'Dit is heel, heel erg!'
'Ik vind het veel belangrijker dat we Bobba weer beter kunnen maken, papa,' zei Melle. 'Hij begint steeds zieker te worden.'
Papa stond stil en keek Melle ernstig aan.
'Als een Brutelaar een Gorgel bijt is er een grote kans dat de Gorgel... het niet overleeft,' fluisterde papa, zo zachtjes dat Bobba het onmogelijk kon horen.
Melle schrok. 'Is er dan niets wat we kunnen doen?' vroeg hij verdrietig.
'Er is één iemand die nog meer van Gorgels weet dan ik...' zei papa geheimzinnig. 'Iemand die vroeger ook superogen had... iemand die de Grijze Gorgel goed kent, iemand die al deze Brutelaars en Gorgels van klei gemaakt heeft...'
Melle dacht na. 'Bedoel je de Krulman?'
Papa keek Melle verbaasd aan. Hij moest lachen. 'Hahaha. Ja... de Krulman, zo noemen de Gorgels hem. Maar jij kent hem onder een andere naam,' zei hij.
Hij deed een la open en haalde er een verkreukelde zwart-witfoto uit.
Melle zag op de foto een jongetje met krullen.
Op zijn hand zat een grote vriendelijke Gorgel met lange grijze haren, een gerimpeld gezicht en een houten brilletje.
'Is dat de Grijze Gorgel?' vroeg Melle.
Papa knikte.
Melle keek nu goed naar de jongen. Hij had een enorme bos bruine krullen. Het leek wel een reigersnest.
Op de achtergrond zag hij een bekende vuurtoren.
Door het licht van de vuurtoren waren de Gorgel en de jongen goed

zichtbaar. De foto was 's nachts genomen.
Melle keek nog een keer goed met zijn superogen naar het jongetje.
En opeens wist hij het.
Het was zijn opa!

HET EILAND

'We moeten zo snel mogelijk naar het Eiland,' zei papa.
'Jááá!' riep Melle.
Ze fietsten met de slapende Bobba zo hard als ze konden naar huis.
Het was stil. Mama en Limoni lagen nog in bed.
'Pak snel je koffer in,' zei papa. 'Dan doe ik dat ook.'
Melle rende zachtjes naar boven.
Hij pakte snel wat schone boxershorts, een broek, sokken en een warme trui van schapenwol bij elkaar. De toverkijker en het boek *Vogels, dieren en planten van het Eiland* legde hij bovenop in zijn koffer. Het deksel ging nog net dicht.
Beneden zat papa een brief te schrijven.
Melle las:

Lieve schatten.
Hebben jullie goed geslapen?
Melle en ik zijn naar het eiland. Opa heeft gisteren een sneeuwuil in de duinen gezien.
Die willen Melle en ik graag zien.
Misschien zijn we wel een paar dagen weg.
Ik bel je als ik daar ben.
Dikke kus Papa en Melle.

Papa gaf Melle de pen en hij schreef zelf zijn eigen naam eronder.
Papa knipoogde naar hem. 'Ik heb maar iets verzonnen, want mama gelooft niet in Gorgels en Brutelaars. Ik heb haar een keer alles verteld. Ze vond het een leuk idee voor een kinderboek, maar ze geloofde er niets van.'

Melle lachte.
Hij keek nog even in de rugzak. Bobba lag nog steeds diep te slapen.
Papa trok zachtjes de voordeur achter hen dicht.
In de auto zette hij een cd op met vogelgeluiden. Om te oefenen.
Eerst hoorde je het geluid van een vogel en dan vertelde een stem welke vogel het was.
Papa en Melle hoorden heel hard 'Miaaauw, miaaauw' door de auto.
'Een buizerd,' zei Melle snel.
De stem op de cd zei: 'Dit was de… buizerd.'
'Inderdaad Melle,' zei papa. 'Een buizerd klinkt als een kat die op z'n staart wordt getrapt.'
Buiten werd het langzaam licht. Een prachtig rood licht kwam boven de horizon tevoorschijn. Het leek wel een schilderij.
Melle keek weer in zijn rugzak.
Bobba lag onrustig te woelen in zijn slaap. Melle zag druppeltjes zweet op zijn voorhoofd.
Net toen ze alle vogelgeluiden op de cd hadden beluisterd, kwamen ze aan in de haven.
De veerboot lag al klaar voor de eerste vaart van de dag. Ze waren net op tijd.
Papa reed de auto de boot op.
Melle rende naar het bovendek. Het uitzicht was er fantastisch. Er waren wel honderd meeuwen.
Een jongetje naast hem gooide stukjes brood omhoog. De meeuwen vingen de stukjes in de lucht.
'Kijk uit voor je jas,' zei papa. Ze moesten allebei lachen.

Melle keek met zijn superogen in de verte. Daar, in de mist boven de zee, zag hij het Eiland al. Heel langzaam zag hij de rode vuurtoren opdoemen.
Hij voelde de kriebel in zijn buik weer. Nu hij het geheim van opa kende, keek hij heel anders naar het Eiland.

Even later reed papa de auto van de boot af.
Opa en oma woonden in een houten huis aan de rand van de duinen.
'Wat een verrassing,' zei oma toen ze Melle zag. Ze gaf hem wel duizend natte kusjes.
Waarom doen oma's dat toch altijd? dacht Melle.
'Jij lust zeker wel taart met slagroom,' zei oma.
'Ja, lekker oma,' zei Melle. 'Maar ik moet eerst met opa praten.'
Hij zette zijn koffer in de gang en holde met zijn rugzak naar het huisje achter in de tuin.
Opa was met klei een beeld aan het maken.
Hij had lang wit krullend haar, dat alle kanten op sprong. Alsof zijn haar was ontploft. En hij had een enorme bril op met dikke glazen.
'Wie zijn jullie?' riep opa verschrikt.
Toen Melle en papa dichterbij kwamen, zag hij het pas.

‘Ah, mijn favoriete mannen,’ zei opa met zijn zware bromstem.
Hij gaf Melle een kus op zijn neus. Dat deed hij altijd.
‘Hij weet alles,’ zei papa tegen opa.
Opa lachte. ‘Dat dacht ik wel. Die slimme Melle met zijn superogen.

Heb je een leuke Gorgel, makker?’
Melle vertelde het hele verhaal.
Opa fronste zijn grote witte wenkbrauwen toen Melle over de vechtende Groenlandse Brutelaar begon.
‘Merkwaardig… merkwaardig,’ mompelde hij terwijl hij zijn hoofd schudde.
Aan het eind van het verhaal ritste Melle de rugzak open.
Hij pakte voorzichtig de slapende Bobba eruit en liet hem aan opa zien.
‘Bobba is een dappere Waakgorgel,’ zei opa. ‘Er zijn weinig Gorgels die ooit een aanval van een Groenlandse Brutelaar overleefd hebben.’
‘Kunnen we hem beter maken?’ vroeg Melle.
‘Dat weet ik niet,’ zei opa. ‘Maar er is geen tijd te verliezen. We moeten zo snel mogelijk naar de duinen.’

DE GORGELBESSEN

Opa deed zijn jas aan en pakte zijn wandelstok.
Melle legde de gewonde Bobba weer voorzichtig op de handdoek in zijn rugzak.
Ze liepen naar het grote huis.
'Sorry, oma, we moeten heel even de duinen in, maar daarna komen we taart eten,' zei Melle.
Hij pakte de toverkijker uit zijn koffertje en hing hem om zijn nek.
Ze liepen naar een klein schelpenpaadje dat onder aan het duin begon.
'Melle,' riep oma. 'Wacht even!'
Ze knoopte een dikke gebreide sjaal om Melles nek.
'Anders is het veel te koud,' zei ze bezorgd. En ze schuifelde weer terug naar het huis.
Ze liepen over het eerste duin heen. Wat was het uitzicht hier prachtig! Vlak bij zijn schoenen zag Melle sporen van een haas. Het helmgras zwaaide heen en weer in de zeewind.
'Mannen,' zei opa. 'Jullie moeten mijn ogen zijn, want de mijne zijn niet meer zo goed. Er is een plantje op het Eiland met rode bessen. Het groeit alleen hier. Er zijn er niet veel van en ze zijn heel moeilijk te vinden. Die besjes noemen we cranberry's of veenbessen. Ze zijn heel gezond en Gorgels zijn er dol op. Daar zal Bobba vast beter van worden. Dus goed zoeken met die superogen van je, Melle.' Opa gaf hem een knipoog.
Melle keek oplettend om zich heen.
'Vierendertig meeuwen, zes kieviten, twee grutto's en vijf konijnen!' riep hij.
Opa en papa moesten lachen.

'Zo was ik vroeger ook,' zei opa.
Even later vloog er krijsend een groepje scholeksters over hun hoofden. Zwart-witte vogels met grote rode snavels.
Ze riepen tijdens het vliegen 'de piet, de piet'. Dat vond Melle altijd grappig. Maar hij zag nog geen bessen.
Na tien minuten lopen kwamen ze bij een riviertje. De zoute zee stroomde hier door een geul de duinen in.
'Lepelaars!' riep Melle.
Aan de rand van de geul liepen grote witte vogels. Aan het eind van hun snavel zat een lepel. Ze roerden met die lepel door het water.
'Kijk,' zei papa. 'Een van de lepelaars heeft zoveel garnalen gegeten dat hij roze is geworden.'
Melle keek door zijn toverkijker naar de roze lepelaar.
Ik moet maar niet te veel garnalen eten, dacht hij. Roze is voor meisjes.
Ze kwamen bij de zee, precies op de plek waar hij de geul in stroomde.
Melle bleef goed om zich heen kijken. 'Ik zie nog steeds alleen maar duingras,' zei hij.
'Goed blijven zoeken,' zei opa.
Melle zag wel iets raars in zee. Het leek wel een bal die op het water dreef. Af en toe ging de bal naar beneden en dan kwam hij verderop weer boven.
Er kwam nog een bal tevoorschijn. En nog één. En nog één.
'Kijk, zeehonden,' zei papa tegen opa.
Nu zag Melle het ook.
Hij had laatst een keer een zeehond van heel dichtbij gezien. Op het Eiland was een soort zwembad waar zeehonden zwommen die blind waren geworden.
Ze konden zwaaien met hun vinnen en ja knikken.

Als ze het goed deden, kregen ze een haring van de verzorger. Daar waren ze dol op.

Ze liepen terug naar de duinen. Melle kneep zijn superogen een klein beetje dicht. Zo kon hij nog beter kijken.
Vlak achter het eerste duin zag Melle opeens iets roods. Hij rende erop af.
Het was een piepklein struikje met rode besjes. Nu zag hij er nog meer. Allemaal verstopt tussen andere struiken.

Melle begon razendsnel bessen te plukken. Hij stopte ze in de zakken van zijn jas.
Opa en papa juichten. 'Goed zo, Melle, wat zal Bobba blij zijn!'
Melle deed de rugzak open.
'Giet maar een klein beetje sap in zijn mond. Dan slaapt hij wat rustiger,' zei opa.
Melle kneep een besje kapot op een blaadje en goot de druppel in de mond van de slapende Gorgel.
Bobba werd er niet wakker van. Hij smakte wel een beetje.

'Laat hem nu maar even slapen, dat heeft hij nodig,' zei opa. 'Geef de rest maar als hij wakker wordt.'
Opa legde zijn stok neer en ging op het duin zitten. Hij moest even uitrusten. Hij keek bezorgd.
'Mannen, we hebben een veel groter probleem,' zei opa. 'De Groenlandse Brutelaar is terug. Dat is een ramp voor alle kinderen.'
'En voor alle andere Waakgorgels,' zei papa.
'Maar wat kunnen we doen?' vroeg Melle.
'Tja,' zei opa. 'Eigenlijk moeten we de Grijze Gorgel op de hoogte brengen.'
'Waarom?' vroeg Melle.
'De Grijze Gorgel kan dingen die geen enkel ander wezen op deze aarde kan,' zei opa geheimzinnig.
Melle dacht diep na. Hij zei tegen opa: 'Op de foto met de Grijze Gorgel en jou zag ik ook die vuurtoren.'
Hij wees naar de vuurtoren die in de verte op een duin stond.
'Goed gezien, makker,' zei opa. 'Wist je nog niet dat alle Gorgels hier op het Eiland geboren worden?'
Melle schudde zijn hoofd.
'Dus Bobba heeft hier ook gewoond,' zei hij. 'O, wat zal hij blij zijn om weer thuis te zijn.'
Opa knikte. 'De Grijze Gorgel woont hier ergens op het Eiland, maar niemand weet waar,' zei hij.
'Hij is de kampioen verstoppertje-spelen. Je kan hem nooit vinden,' zei papa. 'Bovendien zijn Gorgels vooral 's nachts actief. Dan is het hartstikke donker hier.'
Melle sprong op. 'Maar dan gaan we toch met zijn allen kamperen in de duinen. En dan gaan we hem vannacht zoeken,' zei hij.
'Je vergeet twee dingen,' zei opa. 'Ten eerste ben jij de enige van ons die Gorgels kan zien met jouw superogen. Mijn superogen hebben me in de steek gelaten. En ten tweede hebben Gorgels een grote

hekel aan grote mensen. Ze zullen zich nooit laten zien aan papa en mij.'
Papa knikte. 'Opa heeft gelijk.'
Opa stond kreunend op. Hij wreef over zijn pijnlijke rug. 'Helaas, we kunnen niets meer doen.'
'Wacht even!' zei Melle. 'Bobba kan de Grijze Gorgel toch vinden?'
'Nee,' zei papa. 'Het Eiland is groot. Bobba is ziek. En gewond aan zijn knie.'
'Maar dan help ik hem toch!' zei Melle.

Opa en papa moesten lachen.
'Lieve Melle,' zei papa. 'Denk je nu echt dat we jou alleen in een tent midden in de duinen laten slapen?'
'Dat durf ik wel!' zei Melle stoer.
'Absoluut niet!' zei papa streng. 'Dat vind ík zelfs eng.'
'Maar Bobba is toch bij me,' zei Melle. Hij keek papa op zijn allerliefst aan.
Opa legde een hand op papa's schouder.
'Als Melle en Bobba de Grijze Gorgel kunnen waarschuwen, kunnen ze wel heel veel kinderen redden…'
'Nee!' zei papa. 'Je weet nooit wat er kan gebeuren!'
Melle siste als een Gorgel. Hij deed nog één poging.
'Papa, als ik jouw telefoon dan meeneem in de tent? Dan bel ik als ik bang ben. En dan kun je mij en Bobba meteen komen ophalen.'
Papa en opa keken elkaar aan. Dat was geen slecht idee.
'Oké, van mij mag het,' zei papa. 'Maar dat vindt oma toch nooit goed?'
Opa lachte. 'Daar verzinnen we wel wat op.'
Melle stak juichend zijn handen in de lucht.
'Joebelabambam!' riep hij.

HELEMAAL ALLEEN

Na de lange wandeling hadden ze alle drie best honger gekregen. De drie stukken appeltaart met slagroom verdwenen als sneeuw voor de zon.
'Oma is de beste appeltaartbakker van de hele wereld!' riep Melle.
Oma kreeg een blos op haar wangen.
'We hebben geen tijd te verliezen,' zei opa. Hij stond snel op van zijn stoel. 'Au!' riep hij en hij greep naar de onderkant van zijn rug.
'Denk om je rug, lieverd,' zei oma.
'Jajaja,' mopperde opa en hij strompelde naar de schuur.
Oma had Melles koffer naar boven gebracht. Hij haalde snel zijn

zaklamp en zijn schapenwollen trui. Hij deed de rugzak af en keek erin.
Bobba lag nog steeds te slapen. Hij zag er iets minder ziek uit. Misschien wel door het Gorgelbessensap, dacht Melle.
Toen hij beneden kwam, stonden opa en papa al klaar.

Papa was bijna niet meer te zien. Hij droeg een tent, een matje, een lantaarn en een tas vol brood en Melles drinkfles op zijn rug. Hij was nu al knalrood.
'Kom, we gaan. Voordat het donker wordt,' zei opa.
'Wat gaan jullie allemaal doen?' vroeg oma. 'Ik heb speciaal draadjesvlees gemaakt.'
'Dat moeten we dan maar meenemen, schat,' zei opa. 'We moeten voor het donker de tent opzetten.'
'Ja, want Melle en ik gaan vanavond samen kamperen in de duinen,' loog papa.
'Eh... om morgenochtend de sneeuwuil te zien, oma,' zei Melle. Hij keek naar opa, die stiekem zijn duim opstak.
Oma schudde haar hoofd. Ze pakte een plastic bakje en deed daar het warme eten in.
'Wel voorzichtig zijn, hè?' zei ze en ze gaf Melle een natte klapzoen.

Ze liepen met z'n drieën naar het schelpenpaadje.
'Gelooft oma ook niet in Gorgels en Brutelaars?' vroeg Melle.
'Jawel,' zei opa, 'maar oma is altijd bang dat Brutelaars haar kleinkinderen ziek maken. Als ze hoort dat jouw Gorgel ziek is en jou niet kan beschermen, kan ze niet meer slapen. Ik wil haar niet ongerust maken.'
Ze liepen langs een duinmeertje. In de verte graasden wat schapen op de duinen.
'Is het nog ver?' kreunde papa.
'We zijn er bijna, we zijn er bijna,' begon opa te zingen.

‘Maar nog niet helemaal!’ vulde Melle hem lachend aan.

Na een steile klim kwamen ze op een heel hoog duin. Je kon van daar bijna het hele Eiland overzien.

‘Zo heb je de grootste kans om de Grijze Gorgel te vinden met je superogen,’ zei opa. ‘Zet jij de tent even op,’ zei hij tegen papa. ‘Ik heb opeens heel erge pijn in mijn rug.’

Hij gaf Melle een knipoog.

‘Ik help je wel, papa,’ zei Melle.

Samen zetten ze de tent op. Het werd al een beetje donker.

Floep. Daar ging de vuurtoren aan. Een felle lichtstraal zwaaide over de duinen.

Een paar seconden na de eerste straal kwam de tweede lichtstraal. Daarna was het vier seconden donker. En dan weer twee stralen vlak na elkaar. En weer vier seconden donker.

Opa zei: ‘Elke vuurtoren heeft zijn eigen code. Dan weet de kapitein van een schip dat het de vuurtoren van het Eiland is. Zo kan hij de weg vinden in het donker.’

Papa deed het vlammetje van de lantaarn aan. ‘Als je hieraan draait, gaat de vlam uit,’ zei papa. Hij liet het Melle zien.

Melle hoorde wat ritselen in zijn rugzak. Bobba werd langzaam wakker.

‘Kom opa, we gaan,’ zei papa. ‘Als Bobba ons ziet, wordt hij weer boos. Dat is niet goed voor hem.’

Hij gaf zijn telefoon aan Melle. En een briefje met een telefoonnummer.

‘Beloof mij dat je me belt op dit nummer als het te eng is,’ zei papa.

‘Dat beloof ik,’ zei Melle. ‘Wat gaan jullie tegen oma zeggen?’

Papa glimlachte. 'Ik ga stiekem in het werkhuisje van opa slapen. Dan denkt oma dat ik bij jou ben.'
Opa pakte een klein pakje uit zijn jas. 'Als jij de Grijze Gorgel vindt, wil je hem dan dit geven? En doe hem maar... de groeten.'
Opa keek snel de andere kant op. Zag Melle in zijn oog een traan glinsteren?

Toen opa en papa uit het zicht waren, deed Melle de rugzak open. Bobba had zweetdruppeltjes op zijn voorhoofd, maar iets meer kleur op zijn wangen dan een paar uur daarvoor.
'Waar-zijn-we-helemaal-zeg-maar?' vroeg Bobba.
'Kijk zelf maar,' zei Melle.
Bobba keek over de rand van de rugzak. Hij zag de vuurtoren, de duinen en de lepelaars die met hun lepels door de snelstromende geul roerden.
Zijn ogen werden net zo groot als toen hij de Groenlandse Brutelaar zag. 'Bobba is weer thuis. *Joebelabambam!*' Hij sprong van vreugde uit de rugzak.
Bij het landen kwam hij op zijn pijnlijke knie terecht. 'Au!' riep Bobba.
Het deed nog steeds heel veel pijn.
'Ik heb iets voor je,' zei Melle.
Hij pakte de rode besjes uit zijn jaszak en gaf die aan Bobba.
'Mjam, mjam,' riep Bobba. 'Gorgelbessen!'

Hij at ze bijna allemaal op en voelde zich meteen een stuk beter. Hij wreef blij over zijn volle buikje.

Het werd kouder en donkerder, en Melle en Bobba zochten beschutting in de tent.

Melle deed zijn wollen trui aan over zijn jas. Hij at het draadjesvlees van oma op. Het was niet heel erg warm meer, maar het smaakte heerlijk. Na afloop moest hij wel alle draadjes tussen zijn tanden pulken.

'Jij lijkt met die trui helemaal op een Waakgorgel zeg maar, of niet, of wel,' zei Bobba.

Melle voelde zich stoer.

'Bobba,' zei hij. Hij pakte de Gorgel bij zijn brede schoudertjes en keek hem recht in zijn ogen. Dat deed papa ook altijd als hij iets belangrijks ging vertellen.

'Jij moet mij helpen om de Grijze Gorgel te vinden. We moeten hem waarschuwen voor de Groenlandse Brutelaar!'

Bobba's ogen werden nog groter dan ze al waren. Hij keek verschrikt om zich heen en hinkelde leunend op zijn stok snel Melles slaapzak in.

'Eh... nee... nee. Bobba-weet-daar-niets-van. Bobba-gaat-jou-helemaal-niet-helpen-zeg-maar!'

‘Wat is er, Bobba?’ vroeg Melle.
‘Bobba-komt-helemaal-niet-meer-naar-buiten,’ hoorde Melle vanuit de slaapzak. ‘De-andere-Gorgels-mogen-Bobba-niet-zien!’
‘Waarom niet?’ vroeg Melle. ‘Ze zullen toch blij zijn dat je terug bent op het Eiland?’
‘Bobba is geen goede Waakgorgel. Bobba heeft een kapotte knie. Bobba heeft jou niet helemaal goed beschermd. Niemand mag Bobba zien, zeg maar,’ zei Bobba langzaam en met nadruk.
Melle kroop dichterbij. ‘Bobba,’ zei hij. ‘Jij bent de dapperste Waakgorgel van allemaal!’
‘Nee, nee, nee!’ riep Bobba.
‘Maar Bobba,’ zei Melle. ‘De Krulman zei tegen mij dat er bijna geen Waakgorgels zijn die een Groenlandse Brutelaar hebben verslagen.’
Een klein hoofdje kwam uit de slaapzak tevoorschijn.
‘De Krulman?’ Bobba’s mond viel open. ‘Heeft-Melle-de-Krulman-gesproken?’
Melle knikte. ‘De Krulman is mijn opa. Daarom heb ik ook superogen.’
Bobba kwam uit de slaapzak.
‘Als de Krulman dat zegt, dan is Bobba eigenlijk toch wel een goede Waakgorgel, zeg maar.’
‘Ja,’ zei Melle. ‘De beste van de hele wereld!’
‘Kom, Bobba en Melle gaan op pad,’ zei Bobba trots.
Melle pakte Bobba en zette hem op zijn hoofd. Hij liet de telefoon van papa in zijn broekzak glijden, knipte zijn zaklamp aan en kroop de tent uit.

'Oehoe!' Een grote velduil zweefde boven hun hoofd. Melle schrok zich een hoedje.
Bobba zwaaide naar de uil.
'Zijn Gorgels niet bang voor uilen en buizerds?' vroeg Melle.
'Nee,' zei Bobba. 'Als Gorgels een dode muis vinden, zeg maar, dan geven ze die helemaal aan de Grijze Gorgel. Elke dag roept de Grijze Gorgel de uilen en buizerds, en dan geeft hij de dode muizen aan de vogels. Daarom pakken ze de Gorgels helemaal niet.'
Melle lachte. Wat is de Grijze Gorgel toch slim, dacht hij.
Ze liepen door de duinen.
Af en toe gaf Bobba een aanwijzing: 'Bij het tweede konijnenhol helemaal naar rechts.'
Ze liepen door prikstruiken heen. Melle hield zijn handen hoog in de lucht. Hij kon zich niet herinneren dat hij hier ooit was geweest. De wind waaide door zijn haren. Bobba moest zich goed vasthouden om niet van zijn hoofd te vallen.
'Zie jij een oude struik met een kromme tak, of niet, of wel?' vroeg Bobba.
Melle scheen met zijn zaklamp in het rond. 'Ja, daar, Bobba,' zei hij.
'Bij die struik moeten we naar links, zeg maar,' zei Bobba.
Na een tijdje kwamen ze bij een meertje tussen twee duinen. Ze hoorden geritsel tussen het helmgras.
Het vuurtorenlicht zwaaide over de duinen. Melle zag in het felle licht een heleboel Gorgels!
Ze probeerden zich te verstoppen. Maar Melles superogen deden hun werk. 'Ik zie jullie wel, hoor,' riep hij boven de wind uit.
Bobba riep wat in het Gorgels. '*Basibasihali. Basibasihali!*'
De Gorgels renden weg.
Eén oude Gorgel bleef midden op het pad staan. Hij leunde op zijn stok en bleef staan kijken naar Melle en Bobba. Toen liet hij zijn stok vallen en spreidde zijn armen. 'Papa!' riep Bobba.

Melle pakte Bobba van zijn hoofd en zette hem op de grond. Bobba hinkelde met zijn stok naar de oude Gorgel. Ze gaven elkaar een kus op hun neus. Net als opa altijd bij Melle deed.
Melle hoorde ze met elkaar praten in het Gorgels.
De oude Gorgel keek af en toe bezorgd naar de knie van Bobba. Hij voelde ook aan zijn voorhoofd. De harige oren van Bobba's papa gingen bezorgd heen en weer.

Toen liep de papa van Bobba naar Melle.
Hij zei met een lieve, krakende stem: 'Melle, jij-moet-ons-helemaal-volgen, zeg-maar.'
Melle knikte beleefd naar de oude Gorgel.
Ze liepen over een heel smal paadje tussen de struiken door.

Dat paadje was gemaakt voor Gorgels, niet voor kinderen. De takken striemden langs zijn benen.
Even later kwamen ze bij een konijnenhol.
'Melle moet even wachten hier, zeg maar,' zei Bobba.
De beide Gorgels liepen naar binnen.
Melle leunde tegen het duin. Het was nu helemaal donker.
Hij dacht aan oma, die geloofde dat hij met papa in de tent sliep. Hij dacht aan papa, die nu waarschijnlijk heel bezorgd op de bank in het werkhuisje probeerde te slapen.
Zijn ogen vielen dicht.

Melle wist niet hoe lang hij geslapen had. Maar toen hij wakker werd, zag hij wel honderd Gorgels om zich heen staan. Oude Gorgels. Heel kleine Gorgeltjes met wollen luiers. Vrouwen-Gorgels met wollen jurkjes.
In het midden stond een Gorgel met lange grijze haren en een houten bril. In zijn hand had hij een lange kromme stok. Hij droeg een schapenwollen jas die tot op zijn tenen kwam.
Melle herkende hem meteen.

DE GRIJZE GORGEL (2)

'Dag kleine Krulman,' zei de Grijze Gorgel met een lage stem. Hij sprak de mensentaal zonder accent. 'Jij wilde mij spreken.'
Melle werd helemaal rustig van de prachtige stem van de Grijze Gorgel.
Hij voelde dat er iemand in zijn kuit kneep. Hij keek naar beneden. Bobba stond gelukkig naast hem.
'Dag meneer de Grijze Gorgel, ik ben hier om u te vertellen over de Groenlandse Brutelaar,' zei Melle.
De Grijze Gorgel fronste zijn wenkbrauwen.
Melle vertelde hem alles over de Groenlandse Brutelaar in zijn kamer.
De Grijze Gorgel luisterde en draaide af en toe een krul in zijn lange grijze haar.
Melle vertelde ook hoe dapper Bobba was geweest. Dat hij de Groenlandse Brutelaar uit het raam had gegooid.
Alle Gorgels keken naar Bobba. Ze gaven hem schouderklopjes en staken hun duim op. Bobba bloosde zo erg, dat hij bijna licht gaf.
Waf waf waf waf!
Opeens begon er keihard een hond te blaffen.
Alle Gorgels doken weg. Zelfs de oude Grijze Gorgel was in één keer verdwenen.
Melle greep naar zijn broekzak.
Het was papa's telefoon. Hij had blaffende honden als ringtoon. Dat vond papa grappig.
Melle drukte op de groene knop. Hij hoorde de bezorgde stem van papa.
'Gaat 't nog goed, Melle? Oma heeft mij niet gezien. Dus ik denk dat het plannetje werkt. Maar is het niet te eng? Ik denk dat ik je toch even kom ophalen, want...'

'Nee, papa.' Melle onderbrak hem. 'Het gaat goed, papa. Echt. Maar je moet me niet meer bellen! Je hebt alle Gorgels weggejaagd. Ik spreek je morgen!' Melle drukte op de rode knop.

'Kom maar weer, Gorgels. Mijn vader belde me. Sorry,' zei hij.

Eerst kwam de Grijze Gorgel weer tevoorschijn. Al snel volgde de rest.

De Grijze Gorgel begon langzaam te praten met die prachtige lage stem. 'Dank je wel, kleine Krulman. Wat dapper van jou dat je ons bent komen waarschuwen,' zei hij. 'De Groenlandse Brutelaar in jouw kamer was waarschijnlijk een verkenner. Een Brutelaar die kwam kijken of er wel genoeg kinderen zijn in dit land. Groenlandse Brutelaars vinden niets mooier dan alle kinderen in een land ziek te maken.' Hij schudde zijn hoofd. 'Ik had al een vermoeden dat hij terug was. Ik rook de laatste tijd steeds vaker een vervelende zweetlucht. Zeker als de wind uit het noorden kwam.'

De kleine Gorgels staken hun grote neuzen in de lucht. Ze snoven om zich heen en begonnen vieze gezichten te trekken.

De Grijze Gorgel ging verder met zijn verhaal.

'De laatste dagen wordt die zweetgeur steeds erger. Dat betekent waarschijnlijk dat er een heleboel Groenlandse Brutelaars onderweg zijn naar ons land. Dankzij jou, Melle, weet ik nu dat mijn voorgevoel juist was. We moeten meteen aan de slag,' zei de Grijze Gorgel.

'Wat gaan jullie doen?' vroeg Melle. 'Misschien kan ik helpen.'

De Grijze Gorgel tekende met zijn stok in het zand.

Alle Gorgels en Melle gingen eromheen staan.

'Kijk,' zei de Grijze Gorgel. 'Dit is Groenland.'

Hij wees met zijn stok naar een grote cirkel die hij in het zand had getekend.

'En dit is ons land.' Hij wees op een kleiner rondje verderop. 'Vlak boven ons land zie je een piepklein rondje. Dat is het Eiland.'

De Grijze Gorgel tekende een lijn van Groenland naar ons land.

De lijn ging vlak langs het Eiland.

'Ik denk dat ze nu heel dichtbij zijn. Ze zullen morgennacht hierlangs varen. We hebben geen tijd te verliezen.'
Hij wees een paar jonge Waakgorgels aan.
'Zwem naar het vasteland. Zeg tegen alle Waakgorgels dat de Groenlandse Brutelaars eraan komen. Zeg dat ze moeten vechten voor hun leven.'
De jonge Gorgels renden meteen weg.
'Nu maar hopen dat de Brutelaars niet gaan uitrusten op het Eiland, zeg maar. Zij zullen dan al onze Gorgelbessen helemaal opeten,' zei de papa van Bobba.
De Grijze Gorgel knikte.
Melle stak zijn vinger op.
'Wil je nog iets zeggen, Melle?'
Melle knikte. 'Maar de Groenlandse Brutelaars zijn toch heel gevaarlijk voor de Waakgorgels?'
De Grijze Gorgel zuchtte diep.
'Ja, Melle, je hebt gelijk. Er zullen helaas veel Waakgorgels gebeten worden. En er zullen veel kinderen vreselijk ziek worden. Maar we kunnen niets anders doen.'
Nu begonnen alle Gorgels druk met elkaar te praten. De moeders

van de Waakgorgels begonnen allemaal te jammeren.
Melle dacht na. Hij keek om zich heen en fluisterde: 'Als we op het strand allemaal Gorgelbessen leggen, komen de Brutelaars die dan eten?'
'Absoluut!' zei de Grijze Gorgel. 'Ze zijn er dol op.'
'En zijn Brutelaars minder snel als ze heel veel Gorgelbessen in hun maag hebben?' vroeg Melle.
'Eh, ja, dat denk ik wel,' zei de Grijze Gorgel.
Melle praatte steeds harder. 'Nou, dan vallen we ze met zijn allen aan als hun maag vol zit. Dan jagen we ze voor eens en voor altijd weg!'
De Grijze Gorgel begon te lachen.
'Kijk om je heen, Melle. Alle stoere Waakgorgels zitten op het vasteland. Hier op het Eiland wonen alleen de mama- en de papa-Gorgels, de baby-Gorgels, de Waakgorgels-in-opleiding, de bejaarden-Gorgels en ik. Wij kunnen nooit een leger Brutelaars verslaan!'
Melle dacht diep na. Plotseling sprong hij op.
'Ik weet het. Ik weet hoe we de Brutelaars kunnen verslaan!
Ik heb een fantastisch knotsgek plan!'

HET GROTE PLAN

Melle legde zijn plan aan de Gorgels uit.
De Grijze Gorgel luisterde aandachtig en schudde af en toe zijn hoofd.
Aan het eind van zijn verhaal begonnen alle Gorgels te juichen.
'Briljant,' riep Bobba. Hij gaf Melle een boks met zijn vuist.
De andere Gorgels staken hun duim op naar Melle. Ze begonnen allemaal door elkaar te schreeuwen.
'Stilte!' riep de Grijze Gorgel.
Iedereen hield meteen zijn mond dicht.
'Melle, het is een gevaarlijk plan. Een levensgevaarlijk plan. Als het niet lukt, kunnen wij allemaal ziek worden. Dan zijn alle Gorgels in gevaar. En jij, Melle, kunt ook heel ziek worden.'
De Grijze Gorgel keek Melle streng aan. 'Maar als het lukt... zijn we misschien wel voor altijd van die Brutelaars af!'
'*Joebelabambam!*' schreeuwden de Gorgels.
'Gorgels!' riep de Grijze Gorgel. 'Pluk de hele nacht. Pluk zo veel mogelijk Gorgelbessen. Leg ze op het strand. Precies zoals Melle het wil.'
De Gorgels renden in het donker richting het duin waar de besjes groeiden.
Bobba, Melle en de Grijze Gorgel bleven achter.
'Ik ga morgen de rest allemaal regelen,' zei Melle.
'Maar,' zei de Grijze Gorgel, 'praat er met niemand over. Ook niet met je vader en de Krulman. Misschien hebben de Brutelaars spionnen. Dit moet geheim blijven. Anders gaat het niet lukken.'
Melle knikte.
Hij moest opeens vreselijk gapen.

‘Probeer eerst nog even te slapen,’ zei de Grijze Gorgel. ‘Kom!’
Melle zette Bobba op zijn hoofd. Bobba zag er weer moe uit. Hij was een beetje te druk geweest.

Samen met de Grijze Gorgel en Bobba liep Melle door de duinen tot ze bij de tent waren.
Melle kroop in zijn slaapzak. Bobba ging naast hem zitten.
‘Waak goed over hem, Bobba,’ zei de Grijze Gorgel. ‘En neem nog wat Gorgelbessen. Dan zul jij je snel weer beter voelen.’
Bobba knikte. Hij zwaaide stoer met zijn stok heen en weer.
Toen keek de Grijze Gorgel naar Melle.
‘Weet je,’ zei de Grijze Gorgel. ‘Toen de Krulman een jongetje was, zag hij er precies zo uit als jij.’
Melle dacht aan de foto van de Grijze Gorgel met de heel jonge opa. Als hij zijn haar liet groeien, had hij hetzelfde haar als opa. Misschien had de Grijze Gorgel gelijk.
‘O ja, ik moest u van opa nog iets geven,’ zei hij. Hij haalde het pakje uit zijn jaszak.

De Grijze Gorgel opende het.
Het was een prachtige, handgemaakte Waakgorgelstok. Er stond in gekerfd: 'Voor de G.G. Van de Krulman.'
De Grijze Gorgel was even helemaal stil.
'*Joebelabambam*,' hoorde Melle hem fluisteren.
'Hier,' zei de Grijze Gorgel toen.
Hij pakte een klein leren zakje uit zijn zak.
'Geef dit aan de Krulman. Zeg maar dat hij dit op zijn onderrug moet smeren. Dan gaat het vanzelf over.'
'U kent mijn opa wel heel goed,' zei Melle.
'Ja,' zei de Grijze Gorgel. 'Heeft de Krulman het jou niet verteld?'
Melle schudde zijn hoofd.
'Ik was vroeger zijn Waakgorgel. Toen hij een klein jongetje was.'
Melles mond viel open van verbazing.
Hij wilde nog wat zeggen, maar de Grijze Gorgel legde zijn wijsvinger op Melles lippen.
Melle ging liggen. Samen met Bobba begon de Grijze Gorgel geheimzinnig te zoemen en heen en weer te wiegen...

WINKELEN

94 *Gruttooo!*
Tureluuuuur!
Tjiftjafff!

Melle werd wakker van allemaal vogelgeluiden.
Met zijn hand zocht hij naar zijn wekker. Maar dit keer waren het echte vogels.
Hij had diep geslapen. Hij was vergeten dat hij in de tent boven op het duin lag.
'Goedemorgen helemaal, kleine Krulman,' zei Bobba.
'Goedemorgen, Bobba,' zei Melle.
Hij pakte zijn drinkfles en een stuk ontbijtkoek uit zijn rugzak.
Bobba moest gapen. Hij had de hele nacht gewaakt.
'Bobba gaat nu slapen, zeg maar,' zei hij. Hij ging op de handdoek in de rugzak liggen.
'Je mag ook thuis bij de andere Gorgels slapen,' zei Melle.
Bobba schudde zijn hoofd. 'Met zoveel Brutelaars in de buurt, wil Bobba heel graag bij Melle blijven.' Hij deed zijn ogen dicht.
Melle ritste de rugzak zachtjes dicht. Bobba koos voor hem. Nu moest hij goed voor Bobba zorgen.
Hij maakte de tent open.
De lucht was rood, wit en blauw. Net als de vlag van het land.
De zon scheen over de duinen.
Melle zag vier hazen, vijf scholeksters, zes lepelaars en vier kraaien.
Hij kon uren naar de natuur kijken.
Hij pakte de telefoon uit zijn broekzak. Op het beeldschermpje stond 06:04. Opa en oma sliepen waarschijnlijk nog.
Hij toetste het nummer in dat papa hem had gegeven.

De telefoon ging over. Hij hoorde een slaperige stem. 'Hallooo.'
'Papa, kom je mij halen?' vroeg Melle.
'Melle, hoe gaat het?' vroeg papa.
'Goed! Bobba en ik hebben de Grijze Gorgel gevonden.'
'Fantastisch, ik kom er nu aan,' zei papa.

Even later zag Melle hem al aan komen rennen. Buiten adem kwam hij bij de tent aan.
'O, man, ik ben zo blij dat het goed is gegaan,' hijgde papa. Hij stond met zijn handen op zijn knieën bij te komen.
'Opa vertelde dat oma ons gisteravond nog warme chocolademelk met slagroom wilde brengen. Maar hij zei dat we al sliepen. Het ging allemaal maar net goed.'
Papa wreef door Melles haar. 'Gaat het goed met Bobba?' vroeg hij.
'Ik geloof het wel,' zei Melle. 'Die Gorgelbessen hebben hem goed gedaan.'
Papa ging op het gras zitten. 'Je moet me alles vertellen,' zei hij. 'Ik ben zo benieuwd!'
'Nee, we moeten gaan,' zei Melle. 'Ik moet heel veel dingen regelen vandaag.'
'Vertel het dan maar onderweg,' zei papa.
'Sorry, papa, het is zo geheim dat ik zelfs jou en opa niets mag vertellen,' zei Melle zachtjes.
Papa keek teleurgesteld.
'Je moet me maar vertrouwen, papa. Kom snel!'
'Nou, vooruit dan,' zei papa sip. 'Als de Grijze Gorgel het zegt, dan moet het maar.'
Melle pakte voorzichtig de rugzak met Bobba en samen liepen ze naar het huis van opa en oma. Melle keek nog even achterom. Hij zag in de verte de tent, die bolde in de wind.
Onderweg vond Melle twee grote stokken in de duinen. Die waren nodig voor zijn plan.

DE DRIE EMMERS

Papa parkeerde de auto bij de haven.
Melle pakte de twee stokken die hij uit de duinen had meegenomen.
Hij bond een stuk touw aan het einde van de ene stok. Aan het eind van het touw bevestigde hij een wasknijper.
Hij gaf de stok aan papa. Die begreep er niets van.
Melle deed hetzelfde bij de andere stok.
Hij pakte het papieren pak van de slager en een grote emmer uit de auto.
Samen liepen ze met alle spullen naar de steiger.
Melle vulde de emmer met zeewater. Toen haalde hij een paar plakjes salami uit het pakket van de slager. Die kneep hij vast aan de wasknijper. Hij liet de wasknijper in het water zakken en volgde hem aandachtig met zijn ogen.
Plotseling trok hij zachtjes zijn stok omhoog.
Een grote krab hing met zijn scharen aan de wasknijper. Melle pakte de krab voorzichtig achter zijn ogen vast en legde hem in de emmer. Zo kon de krab hem niet verwonden.

De telefoon ging over. Hij hoorde een slaperige stem. 'Hallooo.'
'Papa, kom je mij halen?' vroeg Melle.
'Melle, hoe gaat het?' vroeg papa.
'Goed! Bobba en ik hebben de Grijze Gorgel gevonden.'
'Fantastisch, ik kom er nu aan,' zei papa.

Even later zag Melle hem al aan komen rennen. Buiten adem kwam hij bij de tent aan.
'O, man, ik ben zo blij dat het goed is gegaan,' hijgde papa. Hij stond met zijn handen op zijn knieën bij te komen.
'Opa vertelde dat oma ons gisteravond nog warme chocolademelk met slagroom wilde brengen. Maar hij zei dat we al sliepen. Het ging allemaal maar net goed.'
Papa wreef door Melles haar. 'Gaat het goed met Bobba?' vroeg hij.
'Ik geloof het wel,' zei Melle. 'Die Gorgelbessen hebben hem goed gedaan.'
Papa ging op het gras zitten. 'Je moet me alles vertellen,' zei hij. 'Ik ben zo benieuwd!'
'Nee, we moeten gaan,' zei Melle. 'Ik moet heel veel dingen regelen vandaag.'
'Vertel het dan maar onderweg,' zei papa.
'Sorry, papa, het is zo geheim dat ik zelfs jou en opa niets mag vertellen,' zei Melle zachtjes.
Papa keek teleurgesteld.
'Je moet me maar vertrouwen, papa. Kom snel!'
'Nou, vooruit dan,' zei papa sip. 'Als de Grijze Gorgel het zegt, dan moet het maar.'
Melle pakte voorzichtig de rugzak met Bobba en samen liepen ze naar het huis van opa en oma. Melle keek nog even achterom. Hij zag in de verte de tent, die bolde in de wind.
Onderweg vond Melle twee grote stokken in de duinen. Die waren nodig voor zijn plan.

Thuis lagen opa en oma nog te slapen.
Voorzichtig zette Melle de rugzak met de slapende Bobba in zijn kamer.
'Opa zal goed op hem letten als hij wakker is,' beloofde papa.
96 Melle legde het pakje van de Grijze Gorgel op de tafel.
Hij schreef een briefje.

Opa, je moet dit op je rug smeren van de G.G.
x Melle

'Nu moet ik boodschappen doen,' zei Melle tegen papa.
'Kom,' zei papa. 'Stap in de auto en zeg maar waar we heen moeten.'
Ze reden naar een klein vissersdorp met een haven vol met garnalenboten.
'Stop!' zei Melle. Ze stonden voor de visboer.
Melle stapte uit en rende naar de winkel.
'Heb je wel geld om iets te kopen?' riep papa nog.
'O, nee...' zei Melle. Daar had hij niet aan gedacht.
'Vooruit dan maar,' zei papa. Hij gaf Melle zijn pinpas.
'Dank je wel,' zei Melle en hij rende weer weg.
'Wil je de pincode niet weten?' riep papa.
'Die weet ik,' zei Melle. 'Dezelfde code als jouw telefoon, de rode deur en de iPad.'
Papa lachte. 'Je bent een slim mannetje,' riep hij hem na.
Melle liep de viswinkel in.
'Zo Melle,' zei de visboer. 'Ben je weer op het Eiland? Jij bent er vroeg bij. Waar kan ik je mee helpen?'
Even later kwam Melle met een houten tonnetje de viswinkel uit lopen.
'Wat is dat nou?' vroeg papa.
Melle haalde zijn schouders op. 'Geheim!'

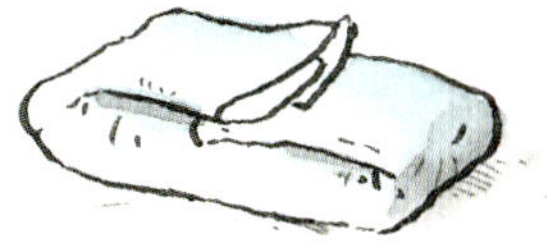

Ze reden verder.
'Stop!' zei Melle.
Hij rende de slagerij in. En kwam terug met een groot papieren pak.
Papa werd steeds nieuwsgieriger.
Maar Melle hield zijn kaken stijf op elkaar.

'Nog even langs de bakker en de supermarkt. Alsjeblieft?' zei Melle.
'Zo lijk je sprekend op je moeder,' mopperde papa.
Melle lachte.

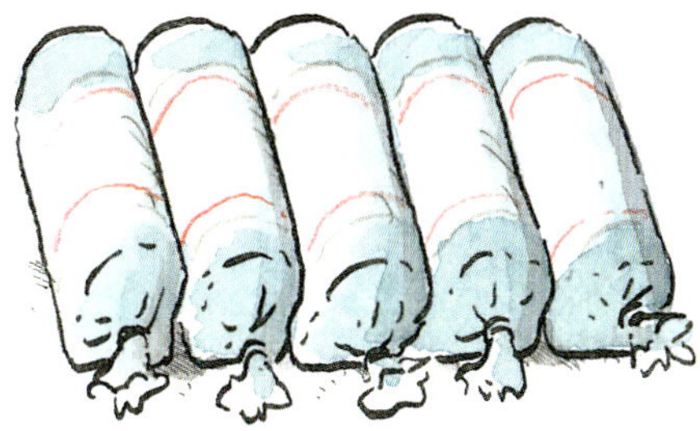

Bij de bakker kocht Melle vijf broden.
En bij de supermarkt kwam hij naar buiten met een doos wasknijpers, drie grote emmers, een touw, een groot stuk papier en een pen.

'Zo... klaar,' zei Melle. Hij gaf de pinpas terug aan papa.
'Staat er nog wat geld op mijn rekening of heb je alles opgemaakt?' vroeg papa lachend.
'Het is voor een goed doel!' zei Melle.
'Dat is waar,' zei papa.

'Nu gaan we daarheen,' zei Melle.
Hij wees naar de garnalenboten in de haven.
'Wat gaan we daar doen?' vroeg papa.
'Dat zal ik je laten zien,' zei Melle geheimzinnig. 'Jij moet me helpen.'

DE DRIE EMMERS

98 Papa parkeerde de auto bij de haven.
Melle pakte de twee stokken die hij uit de duinen had meegenomen.
Hij bond een stuk touw aan het einde van de ene stok. Aan het eind van het touw bevestigde hij een wasknijper.
Hij gaf de stok aan papa. Die begreep er niets van.
Melle deed hetzelfde bij de andere stok.
Hij pakte het papieren pak van de slager en een grote emmer uit de auto.
Samen liepen ze met alle spullen naar de steiger.
Melle vulde de emmer met zeewater. Toen haalde hij een paar plakjes salami uit het pakket van de slager. Die kneep hij vast aan de wasknijper. Hij liet de wasknijper in het water zakken en volgde hem aandachtig met zijn ogen.
Plotseling trok hij zachtjes zijn stok omhoog.
Een grote krab hing met zijn scharen aan de wasknijper. Melle pakte de krab voorzichtig achter zijn ogen vast en legde hem in de emmer. Zo kon de krab hem niet verwonden.

Melle was blij dat hij het boek *Vogels, dieren en planten van het Eiland* goed had gelezen.
'Wow!' zei papa. 'Ik ben onder de indruk! Maar waarom heb jij krabben nodig?'
Melle keek hem streng aan.

'Jajaja, ik vraag al niks meer,' zei papa.
Hij probeerde het ook. Al snel hing een klein krabje aan zijn krabhengel.
'Yeah!' riep papa.
Binnen een uur zat de grote emmer vol met krabben.
'Dit zijn er genoeg,' zei Melle. 'Nu heb ik iets uit de schuur bij opa en oma nodig.'
'Welja, ik rij meneer wel weer het hele eiland over,' zei papa mopperend.
Ze stapten in de auto en reden terug naar het huis.
Uit de schuur pakte Melle zijn surfpak. Dat was een dik zwempak, dat hij van oma had gekregen. Je kon ermee in zee zwemmen zonder het koud te krijgen.
Hij pakte ook zijn garnalennet, dat hij van opa had gekregen, en legde alles in de auto.
Melle liep nog even naar de keuken waar oma kaaskoekjes aan het bakken was.
'Het kamperen was geweldig, oma,' zei Melle.
'Wat fijn, lieverd,' zei oma. 'Maar ik ben blij dat je vanavond weer thuis slaapt.'
'Nee hoor, oma,' zei Melle. 'Het was zo leuk dat we nog een nachtje gaan.'
Oma schudde haar grijze hoofd en mompelde iets onverstaanbaars.
Melle liep naar buiten.
'Kom op, papa, naar het strand,' zei Melle.
Papa startte de auto.

'Stop, stop!' riep opa. Hij kwam als een jonge kievit uit zijn werkhuisje naar buiten gerend. Zijn handen zaten onder de klei. Hij had geen last meer van zijn rug.
'Ik wil mee. Ik wil alles weten,' zei opa.

'Nee, sorry, opa, ik mag je niets vertellen van de Grijze Gorgel. Het is een grote *geheime* operatie.'
'Dat dacht ik wel,' zei opa. Hij liep weer richting zijn werkhuisje.
'Morgen vertel ik je alles,' riep Melle nog.
Opa draaide zich om. Hij stak zijn duim op. 'Ik kijk ernaar uit. Succes, makker.'

Op het strand liep Melle meteen de zee in. Precies tot aan zijn knieën. In zijn handen hield hij de stok van het garnalennet vast. Als je die stok over de zeebodem duwt, springen de garnalen vanzelf het net in.
De zee was koud. De wind ook. Maar door het dikke surfpak voelde Melle daar niets van.
Papa zat met een grote emmer vol zeewater te wachten op het strand. Hij bibberde van de kou.
Melle liep met zijn garnalennet door de zee. Af en toe keek hij in het net. Als er veel garnalen in zaten, rende hij naar papa om ze in de emmer te gooien.
Na een tijdje maakten papa's tanden het geluid van een kapot drumstel. Om warm te blijven danste hij als een gek over het strand.
'M-m-mogen w-w-we a-a-al n-n-n-naar h-h-huis?' vroeg hij. Hij keek Melle bijna smekend aan.
Melle keek naar de emmer met garnalen. Hij zat bijna tot de rand toe vol.
'Nou, vooruit,' zei Melle. 'Laten we gaan.'
Papa slaakte een zucht van opluchting.
Samen sjouwden ze de grote emmer naar de auto.

HELEMAAL KLAAR

Toen ze bij het huis van opa en oma waren aangekomen, liep Melle meteen naar boven. Hij ritste de rugzak voorzichtig open.
Bobba had zijn mond een stukje open en snurkte zelfs een beetje.
Hij zag er een stuk beter uit dan gisteren, dacht Melle.
Hij liep naar buiten en pakte de vijf broden uit de schuur. Hij begon ze in kleine stukjes te scheuren. Hij gooide de stukjes in de enige emmer die nog leeg was.
Papa en opa hielpen hem zonder iets te vragen.
Melle zou toch niets vertellen.
Oma kwam aanlopen met drie bekers warme chocolademelk.
'Zo, heeft iemand hier zijn schoenen uitgedaan?' vroeg oma. Ze kneep haar neus dicht. 'Wat een vieze zweetgeur, stelletje vies-peuken.'
Papa, opa en Melle keken elkaar verschrikt aan. Ze wisten wat die geur betekende.
'Doe alsjeblieft voorzichtig, makker,' zei opa toen oma weer weg was. 'Ik weet niet wat je van plan bent, maar Brutelaars zijn levensgevaarlijke wezens.'
'Dat beloof ik, opa,' zei Melle. 'Morgen is het allemaal voorbij.'
Als mijn plan gaat lukken, wilde hij er nog aan toevoegen. Maar hij slikte de woorden net op tijd in.
Is mijn plan wel goed genoeg? vroeg hij zich opeens af. Als het niet goed gaat, zijn alle Gorgels in gevaar. Hij werd er helemaal zenuwachtig van.
Hij keek naar de emmer met brood. Die zat tot de rand toe vol.
Klingelingeling.
Oma had het eten klaar.

‘We eten vandaag jouw lievelingseten,’ zei ze tegen Melle. ‘Macaroni met rode saus.’

‘Dank je, oma,’ zei Melle en hij gaf haar een zoen.

Toen de macaroni op was, pakte oma een pudding uit de ijskast.

‘Ik haal na het toetje mijn rugzak met Bobba van boven en dan kunnen we gaan,’ fluisterde Melle tegen opa en papa. Ze staken allebei hun duim op.

Een kwartier later stonden ze buiten.

Opa en papa droegen de drie zware emmers.

Melle droeg de rugzak en hield het houten tonnetje van de visboer tegen zijn buik.

Zwijgend liepen ze over het schelpenpaadje naar de tent. Iedereen was gespannen.

Toen ze bij de tent kwamen, was de zon al bijna onder. Hijgend zetten ze de emmers en het tonnetje in de tent.

Daarna was het tijd om afscheid te nemen van papa en opa.

Papa gaf zijn telefoon weer aan Melle. Hij gaf hem een zoen op zijn wang.
'Weet je,' zei papa. 'Je hebt me bijna niet meer nodig.'
Melle sloeg zijn armen om hem heen.
'Gekke papa, zonder jou was het toch allemaal niet gelukt vandaag.'
Hij wees naar de drie emmers en het houten tonnetje.
'O ja, bijna vergeten,' zei papa. Hij pakte iets uit de binnenzak van zijn jack. Melle herkende het meteen. Het was *Het Boek der Nederlandse Gorgels en Brutelaars*.
'Misschien heb je er iets aan,' zei papa.
'Dank je wel,' zei Melle verbaasd.

Opa pakte hem bij zijn schouders. 'Dit is echt de laatste nacht in de tent. Anders overleeft je oma het niet. Doe je voorzichtig? Zo te ruiken wordt het levensgevaarlijk vannacht.'

'Ja, opa,' zei Melle. 'Dat beloof ik.'

Toen opa en papa uit het zicht waren, pakte Melle zijn toverkijker.

De zweetgeur was hier nog smeriger dan bij opa en oma thuis.

Op het strand zag hij van alles bewegen.

Hij draaide aan het wieltje boven op zijn toverkijker. Zo kon hij nog scherper zien.

Toen wist hij het zeker.

Op het strand krioelden honderden smerige Groenlandse Brutelaars door elkaar heen. Ze vochten met hun vieze slijmerige bekken om de Gorgelbessen die op het strand waren gelegd. Achter de Brutelaars zag Melle een houten vlot liggen.

Melle telde in totaal 314 Brutelaars.

Hij ontdekte één Brutelaar die iets groter was dan de rest. Hij zag er nog enger en smeriger uit dan de anderen.

Melle pakte het boek en vond na enig zoeken een tekening die sprekend op deze vieze Brutelaar leek. Er stond: *Groenlandse Grootbekbrutelaar. Drie keer zo sterk en gevaarlijk als de normale Groenlandse Brutelaar. De leider van een leger Brutelaars.*

Hij voelde een rilling over zijn rug lopen.

Het eerste gedeelte van het plan is in ieder geval gelukt, dacht Melle. Ze zijn er. Tijd voor deel twee. Ik ben er helemaal klaar voor!

DE LAATSTE VOORBEREIDINGEN

Bobba tikte op Melles schouder.
Die liet van schrik zijn toverkijker vallen.
De Gorgel stak zijn neus in de lucht. ‘Gedverlebbesbam,’ zei Bobba en hij trok een vies gezicht. ‘Het ruikt hier helemaal naar Brutelaars,’ zei hij grommend.
Toen vroeg hij: ‘Mag Bobba ook even kijken, zeg maar?’
‘Natuurlijk!’ zei Melle.
Bobba tuurde door de lens van de toverkijker. Hij schrok. Hij gromde en zwaaide met zijn Waakstok heen en weer.
‘Ze lijken dichterbij door de toverkijker, gekke Gorgel,’ zei Melle. Hij vertelde Bobba maar niet over de Groenlandse Grootbekbrutelaar.
‘Kom, we gaan aan de slag!’
Hij knipte zijn zaklamp aan en pakte het grote stuk papier en de pen die hij in de supermarkt gekocht had.
Melle maakte een plattegrond van de duinen, de geul, het strand en de zee.
Op sommige plekken zette hij een kruis. Af en toe tekende hij een pijl. Soms maakte hij er een klein tekeningetje bij om het duidelijker te maken.
Bobba keek mee en verbeterde Melle af en toe. Samen overlegden ze alles.
Na een tijdje was het Grote Plan klaar.
‘Wanneer gaan de Gorgels de Brutelaars helemaal aanvallen, zeg maar?’ vroeg Bobba.
Melle dacht na.
‘Zodra het licht begint te worden. Dan zitten de magen van die smeerlappen helemaal vol.’

Bobba ritste de slaapzak van Melle open. 'Jij-gaat-eerst-nog-even-slapen-of-niet-of-wel,' zei hij streng.
Melle zuchtte. Maar hij wist dat Bobba gelijk had. Hij moest hartstikke fit zijn morgenochtend. Hij trok zijn trui over zijn hoofd en

kroop in de slaapzak.
Het lukte hem niet om in slaap te komen. Hij bleef maar draaien van de zenuwen.
Ten slotte plakte Bobba met een groen prutje zijn ogen dicht.
Dat hielp.
Melle droomde dat er honderden Brutelaars om hem heen stonden en dat alle Gorgels gevangen waren genomen.
Badend in het zweet werd hij wakker.
Bobba maakte hem weer rustig door zachtjes te zoemen. Even later hoorden ze een lage stem in het donker.
'Is de kleine Krulman klaar voor de nacht?'
Het was de Grijze Gorgel.

'Ik ben er zeker klaar voor!' riep Melle stoer. Maar vanbinnen trilde hij nog een beetje van de nare droom.
Hij deed snel zijn gestreepte schapenwollen trui aan.
De kriebel in zijn buik was nog nooit zo heftig geweest.
Melle knipte zijn zaklamp aan. 213 kleine en grote Gorgels stonden om hem heen.
Hij pakte het Grote Plan en legde het op het zand voor de tent. De Gorgels dromden er in een kring omheen.
Hij legde iedereen precies uit wat ze moesten doen.
Soms wees hij met de Waakstok van Bobba iets aan op de plattegrond.
De Gorgels luisterden doodstil naar Melle.
Af en toe onderbrak Bobba hem. En als iemand het niet begreep, vertaalde Bobba de woorden van Melle in het Gorgels.
De bejaarden-Gorgels, de kinder-Gorgels, de Waakgorgels-in-opleiding en de vrouwen-Gorgels. Ze wisten allemaal precies wat ze moesten doen.
De Grijze Gorgel sprak iedereen zacht nog even moed in. 'Geef elkaar allemaal een hand,' zei hij.
De Gorgels pakten elkaars hand. Melle ging op zijn hurken zitten. 'Gorgels, we zijn misschien niet de sterksten. We zijn misschien niet de snelsten... Maar wij zijn de slimste en dapperste wezens op dit Eiland!'
De Gorgels juichten heel zachtjes.
'Als het plan van Melle lukt, dan redden wij onze Waakgorgels. Dan redden wij de kinderen. Dan redden wij ons voortbestaan. Zijn jullie klaar?'
'Jááá,' fluisterden de Gorgels. '*Joebelabambam, joebelabambam!*'
De grootste Gorgels tilden de drie emmers op. Vier Gorgels per emmer.
Wat zijn ze toch sterk, dacht Melle.

Iedereen pakte wat hij nodig had.

De Waakgorgels-in-opleiding hadden allemaal een eikenblad bij zich. De bejaarden-Gorgels droegen allemaal een groot touw.

Melle pakte zijn houten tonnetje en zette Bobba op zijn hoofd.

Met zijn allen slopen ze in de richting van de Brutelaars.

Melle moest bijna spugen van de smerige zweetgeur. Hij hoorde in de verte het gesmak en het gegrom.

Iedereen was gespannen. Niemand durfde iets te zeggen.

Ze stonden voor het laatste duin. Daar splitsten de Gorgels zich in drie groepen.

Elke groep had een eigen emmer bij zich.

Ze staken een duim naar elkaar op.

Melle, Bobba en de Grijze Gorgel klommen op een hoog duin vlak bij het strand.

Zo konden ze alles perfect zien.

Melle ging op het houten tonnetje staan en keek achter zich.

Het eerste ochtendlicht kwam tevoorschijn achter de duinen.

Hij zag de jonge Waakgorgels-in-opleiding op het laatste duin staan.

Hij zag de vrouwen-Gorgels verderop.

Hij zag de kinder-Gorgels.

Hij zag de bejaarden-Gorgels.

Ze stonden allemaal precies op de plek waar ze moesten staan.

Melle was spierwit van de spanning.

Hij stak zijn hand omhoog en liet hem snel naar beneden vallen.

Dat was het teken.

HET GROTE GEVECHT

De dappere Waakgorgels-in-opleiding stonden klaar op het laatste duin voor het strand.
Allemaal pakten ze een krab uit de emmer. Melle had ze geleerd om de krabben achter hun ogen vast te pakken. Ze hielden met al hun kracht de krabben ver boven hun hoofd.
De krabben zwaaiden gevaarlijk heen en weer met hun scharen.
Maar Gorgels waren nooit bang. Ze gingen op een rij staan.

De Brutelaars hadden niets in de gaten.
Die waren nog steeds met elkaar aan het vechten om de Gorgelbessen.
Eén Waakgorgel-in-opleiding keek achterom en zag het teken van Melle.
'Los!' riep hij.
Alle Gorgels lieten de krabben los.
De krabben stormden het duin af naar de zee. Ze liepen dwars tussen de verbaasde Brutelaars door. De ene na de andere Brutelaar werd door de scharen van de krabben gegrepen. Ze jankten het uit.
De grote Groenlandse Grootbekbrutelaar wees met zijn vieze poot

naar boven en schreeuwde iets onverstaanbaars naar de andere Brutelaars.

Ze renden allemaal het duin op.

Maar door hun volle maag was dat moeilijker dan verwacht. Hijgend en puffend kwamen ze boven op het duin. Het witte slijm en groene snot stroomden uit hun neus en mond.

Boven op het duin waren de Waakgorgels-in-opleiding natuurlijk al verdwenen. Die staken nu beneden tussen de twee duinen hun tong uit naar de Brutelaars.

Ze hadden de eikenbladeren als slee gebruikt. Zo waren ze razendsnel omlaag geroetsjt.

De Brutelaars probeerden voorzichtig naar beneden te glijden. Maar het duin was veel te steil. Ze struikelden en botsten tegen elkaar op, en buitelden omlaag. Eenmaal beneden keken ze verward om zich heen.

Weer waren de razendsnelle Waakgorgels-in-opleiding verdwenen. De bejaarden-Gorgels hadden namelijk boven op het volgende duin lange touwen uitgerold en de jonge fitte Gorgels waren snel omhoog geklommen. Zo snel dat zelfs Melle het met zijn superogen nauwelijks kon zien.

De bejaarden-Gorgels haalden snel de touwen weer op, zodat de Brutelaars ze niet konden pakken. Iedereen was weer veilig.
Melle keek door de toverkijker. Hij zag de Brutelaars gevangen tussen twee duinen staan. Dat was precies de bedoeling.
Weer stak Melle zijn hand omhoog en liet hem naar beneden vallen. Dat was het teken waar de kinder-Gorgels op wachtten.
Ze pakten de emmer met brood en gooiden alle stukjes tussen de Brutelaars.
De Brutelaars begonnen gemeen te lachen. Ze voelden toch niets van die broodkorsten die op hun vieze koppen vielen.
Ze probeerden het duin op te klimmen, waar de bejaarden-Gorgels, de kinder-Gorgels en de Waakgorgels-in-opleiding stonden. Maar dat was gelukkig veel te steil.
Ook de wonden die de krabben bij de Brutelaars hadden achtergelaten, maakten het er niet makkelijker op.
Melle telde intussen tot tien. Bij de negen hoorde hij een enorm lawaai boven zijn hoofd.
De Brutelaars keken bang om zich heen.
Honderden grote zilvermeeuwen zagen het brood tussen de Brutelaars liggen en doken met hun scherpe snavel naar beneden.
De Brutelaars probeerden te vluchten. Maar waar moesten ze heen? De grote zilvermeeuwen pikten op hun hoofden op zoek naar de broodkorsten.
Melle hoorde de Brutelaars piepen.
De Groenlandse Grootbekbrutelaar wees naar een opening in de duinen. Hij had een uitweg gevonden: precies aan het eind van de

duinen liep namelijk de snelstromende geul.
De Brutelaars renden naar de geul en sprongen in het water. Ze werden door de stroom gegrepen en dreven hulpeloos verder.
Melle balde zijn vuisten. Het ging allemaal volgens plan.

'Het gaat Melle helemaal lukken!' riep Bobba enthousiast tegen de Grijze Gorgel.
Maar de Grijze Gorgel zei niets. Hij tuurde geconcentreerd naar de geul waar de Brutelaars dreven.
Weer stak Melle zijn hand omhoog. Hij zwaaide naar de vrouwen-Gorgels.
Die stonden aan de andere kant van de geul. Zij gooiden de emmer met duizenden garnalen precies tussen de Brutelaars.
Weer begrepen de Brutelaars er niets van. Ze hielden niet eens van garnalen.
Maar halverwege de geul stonden twintig lepelaars. Die waren net wakker. En driftig op zoek naar hun ontbijt.
Opeens kwamen er duizenden garnalen voorbij zwemmen.
De lepelaars roerden met hun lepels door het water en klepperden de garnalen naar binnen.
De roze lepelaar klepperde het hardst van allemaal. Hij sloeg met zijn snavel keihard die smerige beestjes weg van zíjn garnalen.
De Brutelaars vlogen in het rond. Ze huilden als kleine kindjes.

Melle keek door zijn toverkijker naar de geul.
'Kijk daar!' schreeuwde Bobba. Hij wees naar een grote tak die half in het water van de geul lag. Vlak voor de lepelaars.
Een kleine groep Brutelaars hield zich aan de tak vast.
Het lukte één van hen om op de tak te klimmen. Hij hielp zijn mede-Brutelaars uit het water en trok ze op de kant.
Precies op de kant waar de vrouwen-Gorgels stonden...

DE GORGELSTORM

De boze Brutelaars roken eindelijk hun kans. Ze schraapten met hun voorpoot door het zand en renden in volle snelheid op de vrouwen-Gorgels af.

Die hadden niets in de gaten. Zij keken naar de lepelaars die de Brutelaars in de lucht gooiden.

Melle en Bobba schreeuwden hun longen kapot.

Maar de vrouwen-Gorgels hoorden hen niet. Ze werden overstemd door het geschreeuw van de meeuwen.

Melle voelde tranen in zijn ogen. Dit was allemaal zijn schuld. Sommige vrouwen-Gorgels hadden zelfs baby-Gorgels op hun rug.

Hij keek achterom naar de Grijze Gorgel.

Die had zijn mond wagenwijd open en hield zijn handen als een kom voor zijn mond. Alsof hij een hard geluid maakte. Bobba en alle andere Gorgels volgden onmiddellijk zijn voorbeeld. Allemaal openden ze hun mond en maakten met hun handen een koker.

Melle begreep het niet. Hij hoorde niets. Maakten de Gorgels geluid? Dan konden zijn mensenoren de toon niet horen.

Hij keek weer door zijn toverkijker. De vrouwen-Gorgels hoorden het geluid van de andere Gorgels wel. Ze keken om zich heen en zagen de Brutelaars op hen afkomen.

Toen gebeurde er iets vreemds.

De vrouwen-Gorgels gingen in een kring staan. Ze deden hun ogen dicht en gaven elkaar een hand. Toen begonnen ze rondjes te rennen. Steeds harder en harder en harder. Ze gingen zo snel dat ze een wazige vlek werden.

Langzaam kwam het zand aan de buitenkant van de kring omhoog.

Op een gegeven moment zag Melle de kring niet meer. Kilo's zand

vlogen als een wervelstorm wel tien meter de lucht in.
Langzaam verplaatste de storm zich in de richting van de rennende Brutelaars.
Die wisten niet wat hen overkwam. Het zand sneed in hun ogen. De wind werd harder en harder. Melle hoorde ze piepen.
De Brutelaars kwamen nauwelijks meer vooruit. De wervelstorm was nu een paar meter van hen verwijderd. De wind was zo hard dat ze naar de geul werden teruggeblazen.
De Brutelaars konden niets meer doen.
Plons. Daar vielen ze terug in het water.
De vrouwen-Gorgels stopten met rondjes rennen. Het zand ging weer liggen. Ze deden hun ogen weer open.
Melle kon zijn ogen niet geloven. Wat zijn Gorgels toch bijzonder, dacht hij.
Hij keek opgelucht naar de Grijze Gorgel. Die knikte naar Melle.
Alle gewonde Brutelaars dreven langzaam naar de zee toe.
Dit was het moment waar Melle op had gewacht.
Hij rende zo hard als hij kon met het houten tonnetje naar het einde van de geul.
Bobba moest zich goed vasthouden aan Melles oor om niet van zijn hoofd af te vallen.
In de verte zag Melle de gewonde Brutelaars al drijven. Hij moest snel zijn.

Melle haalde het deksel van het houten tonnetje en gooide de inhoud in het water. Bijna vijftig haringen dreven naar zee.

Melle en Bobba keken gespannen toe.

Na een minuut kwam de eerste ronde bal uit de golven tevoorschijn…

En nog één. En nog één.

Melle begon te juichen.

Binnen een paar minuten telde Melle wel twintig zeehonden. Ze doken allemaal naar de haringen die op het water dreven.

De Brutelaars probeerden nog tegen de stroom in te zwemmen.

Maar dat lukte natuurlijk niet. Ze dreven recht op de zeehonden af.

Die vonden de Brutelaars prachtig speelgoed. Ze gooiden de vieze Groenlandse Brutelaars in de lucht. Af en toe beten ze speels in een staart. Of in een neus.

De Brutelaars wisten niet hoe snel ze weg moesten zwemmen.

Eenmaal uit de geul begonnen ze als een gek naar hun vlot op het strand te zwemmen. Weg van de krabben. Weg van de meeuwen. Weg van de lepelaars. Weg van de zeehonden.

Ze duwden het vlot de zee in en roeiden naar het noorden. Zo snel mogelijk terug naar Groenland.

Melle keek ze na met zijn toverkijker. Hij stak zijn vuist op.

Bobba stond op één been te springen op Melles hoofd. '*Joebelabambam!*' schreeuwden ze samen.

De Gorgels op het duin begonnen ook te schreeuwen.

Ze zwaaiden met hun kleine handjes.

Melle draaide zich om en zwaaide terug.

Ze bleven schreeuwen. Het leek wel of er iets aan de hand was.

DE WRAAK VAN DE GROOTBEKBRUTELAAR

Melle keek snel met zijn superogen rond.
Hij hoorde de vrouwen-Gorgels gillen.
'Kijk daar!' riep Bobba.
Uit een kuil op het strand kwam langzaam een verschrikkelijk grote Brutelaar tevoorschijn. Het was de Groenlandse Grootbekbrutelaar.
Hij keek woedend. Er kwam stoom uit zijn oren terwijl hij met een enorme snelheid op Melle en Bobba af rende.
Hij zag er zo afschrikwekkend uit dat Melle voor het eerst in de strijd echt bang was.
Bobba voelde het en zei: 'Bobba-gaat-jou-helemaal-beschermen. Niet-bang-zijn!'
De Grootbekbrutelaar was nu twee meter van Melle en Bobba verwijderd. Hij nam een grote sprong en vloog richting de mond van Melle.
Met al zijn kracht sprong Bobba ook de lucht in.
Melle hoorde zijn kapotte knie kraken.
De Brutelaar en de Gorgel kwamen elkaar vlak voor de mond van Melle tegen.
Bobba sloeg met zijn Waakstok tegen de neus van de grote Brutelaar.
Maar de Brutelaar was te groot voor de Gorgel. Hij gaf hem een keiharde zwiep met zijn staart.

Bobba viel op de grond. Hij kreunde van de pijn.
'Bobba!' schreeuwde Melle. De tranen sprongen in zijn ogen.
De Brutelaar zag dat de mond van Melle wijd openstond. Met een gemeen lachje nam hij een diepe hap lucht. Klaar om zijn ziekelijke adem in de mond van Melle te blazen.
Op dat moment viel er een grote schaduw over hen heen.
Uit de schaduw kwamen twee klauwen tevoorschijn. Die pakten de Brutelaar in zijn nek en trokken hem de lucht in.
De vieze gele adem miste net de mond van Melle. En loste op in de lucht.
'*Kgggiiieeuwww*,' krijste de Brutelaar. '*Krgggieeewww*.'
Melle keek omhoog.
In de rood-wit-blauwe ochtendlucht vloog een grote witte vogel. Met krachtige vleugelslagen verdween hij met de krijsende Grootbekbrutelaar naar de horizon.

Melle knielde naast de gewonde Bobba.
'Zie je hem, Bobba! Zie je hem?' riep hij.
Bobba knikte. 'De sneeuwuil!' kreunde de dappere Waakgorgel. 'De Grijze Gorgel…heeft… de… sneeuwuil… geroepen.'

Melle had Bobba nog nooit zo langzaam horen praten.
Alle Gorgels dromden in een kring rond hen samen.
De Grijze Gorgel boog zich over Bobba. 'Breng hem snel naar het Hol. Geef hem twee lepels Gorgelbessenpoeder. Ik kom er zo snel mogelijk aan.'
'Ik ga met jullie mee,' zei Melle. 'Ik blijf bij je, Bobba!' Hij ging op zijn hurken zitten en veegde met zijn vingertop heel voorzichtig een druppeltje zweet van het voorhoofd van Bobba.
'Dat kan helaas niet, Melle,' zei de Grijze Gorgel. Hij keek Melle streng aan. 'Het Hol is alleen voor Gorgels.'
Melle voelde een brok in zijn keel. 'Ik kan Bobba toch niet in de steek laten,' probeerde hij nog. Maar de Grijze Gorgel schudde zijn hoofd.
Twee Waakgorgels pakten Bobba voorzichtig op.
Bobba knipperde met zijn ogen en deed zijn mond een stukje open.
'Wacht,' zei Melle. 'Hij wil nog iets zeggen.'
Melle boog voorover, tot vlak boven het gezicht van Bobba.
'*Porroporroguggelbam*,' fluisterde de Gorgel.
Melle herkende het woord meteen. Dat had de Grijze Gorgel ooit tegen Bobba gezegd toen hij 'helemaal trots' op hem was.
'Dank je wel, Bobba,' zei Melle en hij bloosde.
Daarna droegen de twee sterke Waakgorgels Bobba naar het Hol.

WEER THUIS

Bobba was weg.
Melle pakte verdrietig een lege emmer op.
'Ik ga alles doen om Bobba weer beter te maken. Maar ik kan je niets beloven,' zei de Grijze Gorgel.
Eigenlijk zou iedereen heel blij moeten zijn. Ze hadden de Brutelaars verslagen. Maar het was doodstil.
Samen met de Gorgels liep Melle terug naar de tent. Het voelde gek dat Bobba niet meer op zijn hoofd zat.
Bij de tent draaide Melle een van de emmers om en ging erop zitten.
De Grijze Gorgel klom op zijn knie.
Alle Gorgels kwamen in een kring om Melle heen staan.
'Geef elkaar allemaal een hand,' zei de Grijze Gorgel. 'Jullie hebben vandaag iets heel bijzonders gedaan. Ik kan niet zeggen hoe trots ik op jullie ben.'
De Gorgels keken verlegen naar de grond.
'En jij, kleine Krulman,' zei de Grijze Gorgel. Hij keek Melle diep in zijn ogen. 'Jij bent de dapperste mens die ik ooit ontmoet heb. Namens alle Gorgels wil ik je heel erg bedanken. Je bent een held. Met jouw plan en jouw superogen.'
Alle Gorgels begonnen te klappen. '*Porroporroguggelbam!*' riepen ze.
De zon kwam achter de duinen tevoorschijn. Melle zag dat de Gorgels hun ogen dichtknepen.
De Grijze Gorgel gaf een teken. Binnen een paar seconden waren alle Gorgels verdwenen.
'Ik moet nu echt naar Bobba toe,' zei de Grijze Gorgel.
En toen was hij ook weg.
Melle keek om zich heen. Hij was opeens helemaal alleen.

Plotseling hoorde hij een hard miauwend geluid boven zijn hoofd. Het waren vier buizerds.

Normaal zou hij met zijn toverkijker uren naar de zwevende vogels kunnen kijken. Nu dacht hij alleen maar aan de zwaargewonde Bobba.

Hij deed zijn rugzak om, pakte de drie lege emmers en liep stil terug naar het huis van opa en oma.

In de keuken klonk gerommel. Oma was al wakker.

'Lieverd, daar ben je weer. Was het koud in de tent? Wil je iets eten?'

'Ja graag, oma,' zei Melle. Hij merkte nu pas dat hij vreselijke honger had.

'Waar is je vader trouwens?' vroeg oma.

'Die is nog even gaan liggen in opa's werkhuisje. Hij was nog een beetje moe,' loog Melle.

Oma maakte ouderwetse pap voor hem. 'Daar word je lekker warm van.'

Melle slurpte gulzig de hete brij op. Het was heerlijk. En ineens voelde hij hoe moe hij was.
'Ik ga ook nog even slapen, oma.'
'Doe dat maar lekker,' zei ze.
Melle liep naar boven en plofte zonder zijn kleren uit te trekken op bed.

Even later werd hij wakker omdat iemand aan zijn mouw schudde.
Het was opa. Papa stond achter hem.
'Hoe is het gegaan? Sorry, Melle, maar we konden niet langer wachten,' zei opa.
Melle vertelde het hele verhaal. Toen hij bij het gevecht tussen Bobba en de Grootbekbrutelaar kwam, voelde hij de tranen weer opkomen.
Papa en opa luisterden stil.
Opa knikte toen Melle vertelde over het afscheid van de Grijze Gorgel. 'Jij hebt alles gedaan wat je kunt, makker,' zei hij. 'Ik ben ook trots op je.'
'Ja,' zei papa. 'Ik ook! Apetrots. En onthou, Melle: Bobba is nu in goede handen. Als iemand hem beter kan maken dan is het de Grijze Gorgel wel.'
Melle knikte.

Later op de middag braken ze samen de tent in de duinen af.
Papa en Melle moesten weer naar huis.
Melle gooide zijn koffer in de achterbak.
Oma gaf hem wel vijf natte kusjes op zijn wang.
'De volgende keer bak ik de grootste pannenkoeken van de hele wereld voor je!' riep ze.
Melle gaf haar een dikke knuffel.
'Kom maar weer snel naar het Eiland,' zei opa. Hij trok Melle tegen

zich aan en fluisterde: 'De Gorgels zullen je hier wel missen, hoor.' Melle knikte. 'Ik de Gorgels ook!' fluisterde hij terug.

Hij zou zo graag willen weten hoe het met Bobba was! Maar het Hol van de Gorgels was geheim. Hij kon er niet naartoe.

Papa startte de auto en ze reden weg. Melle zwaaide net zolang naar opa en oma tot hij ze niet meer kon zien.

Op de veerboot stonden papa en Melle naar het steeds kleiner wordende Eiland te kijken.

'Ik wou dat Bobba bij ons was,' zei Melle.

'Dat begrijp ik,' zei papa en hij legde zijn arm om Melles schouder.

Het was al donker toen ze thuiskwamen. Melle pakte zijn rugzak uit de achterbak en liep door de voordeur naar binnen. Mama gaf hem een stevige knuffel.

'Hallo schat, was het leuk? Ik hoorde van papa dat jullie de sneeuwuil hebben gezien.'

'Ja, dat was echt heel gaaf,' zei Melle. Hij probeerde vrolijk te klinken.

Limoni was opgebleven. Ze sprong in Melles armen. 'Ik heb een tekening voor je gemaakt,' zei ze. 'Wil je hem zien?'

'Ja graag,' zei Melle en hij gaf haar een kus op haar neus.

Na het eten liep hij de trappen op naar zijn kamer.

Alles herinnerde hier aan Bobba. Het vogelboek. De pen waarmee hij had leren stokvechten. De bureaulade waarin Bobba zich altijd verstopte.

Melle deed zijn pyjama aan en ging in bed liggen. Papa kwam hem nog even een nachtkus geven.

'O ja,' zei Melle. 'Ik heb nog iets van jou.'

Uit zijn rugzak pakte hij *Het Boek der Nederlandse Gorgels en Brutelaars.*

Papa ging naast hem op bed zitten.

'Opa heeft alles wat de Grijze Gorgel hem heeft geleerd in dit boek opgeschreven. Hij heeft ook alle foto's genomen. Ik heb als kind helaas nooit Gorgels kunnen zien. Maar toen ik biologie ging studeren, heeft opa dit boek aan mij gegeven. We hebben samen alle Brutelaars en Gorgels nagemaakt van klei en daarmee heb ik later de geheime rode afdeling in het museum ingericht.'

Papa was even stil.

'Ik denk dat het nu tijd is dat jij ook in het boek gaat schrijven. Je weet inmiddels meer over Gorgels dan ik. Dus ik laat het boek op jouw kamer liggen.'

Melle wist niet wat hij moest zeggen. Dit was wel heel stoer.

'*Joebelabambam!*' riep hij en hij vloog papa om de hals.

Papa pakte de pen.

'Vanaf morgen moet jij het hele avontuur met de Gorgels en de Brutelaars in dit boek schrijven.'

'Dat ga ik doen,' zei Melle.

'Goed zo,' zei papa. 'Want als je over Bobba schrijft, is hij toch een beetje bij je.'

Die nacht werd Melle heel even wakker.

Hij zag een grote gespierde Waakgorgel op zijn bed zitten. Melle herkende hem meteen.

De Grijze Gorgel had Waakgorgel Gug naar Melle toe gestuurd. Het grote voorbeeld van Bobba!

'Hallo Gug,' zei Melle.

Gug schrok zich een hoedje. Hij was het niet gewend dat kinderen hem konden zien.

'Ssssst,' zei Gug streng en hij legde zijn vinger op zijn mond. Hij was te druk met waken om met Melle te praten.

HET NORMALE LEVEN

De volgende dag moest Melle weer naar school.
Hij wist nu honderd procent zeker dat hij bioloog wilde worden. Hij wilde precies hetzelfde werk doen als papa. Dan kon hij later de geheime rode afdeling in het museum overnemen.
Melle las nog meer biologieboeken dan normaal. En zelfs met rekenen op school deed hij erg zijn best.
'ʼs Avonds werkte hij hard aan het verhaal voor het boek. Hij probeerde zich alles goed te herinneren.
Hij maakte ook een tekening van Bobba. Maar toen die klaar was, leek het meer op een aardappel.
In gedachten hoorde hij Bobba lachen. 'Melle-kan-helemaal-niet-tekenen-zeg-maar-of-niet-of-wel,' zou hij hebben gezegd.
Melle miste zijn kleine vriend.

Een paar dagen later werd hij midden in de nacht wakker. Hij zag Gug met zijn Waakstok razendsnel boven zijn hoofd zwaaien. Melle stak zijn neus in de lucht, maar hij rook geen Brutelaars.
De Gorgel was kennelijk aan het oefenen.
'Gug,' fluisterde Melle.
Gug viel bijna achterover van schrik. 'Weet jij hoe het met Bobba gaat?'
'Nee,' zei Gug. 'Ik-ben-toch-ook-niet-op-Eiland-geweest, of niet, of wel.'
'Dat is waar,' zei Melle. Zolang er een R in de maand zat zou Gug niet teruggaan.
'Gug moet jou helemaal bewaken van de Grijze Gorgel. Dus Melle moet nu weer gaan slapen!' zei Gug streng.

Zo gingen er weken voorbij.
Op een avond vroeg papa tijdens het eten: ‘Wie gaat er morgen mee naar het Eiland? Even bij opa en oma op bezoek?’
‘Jaaa!’ schreeuwden Melle en Limoni. En ze tikten met hun mes en vork ritmisch op de tafel. Papa en mama lachten.
Melle voelde kriebels in zijn hele lijf.
Eindelijk weer terug naar het Eiland. Naar de Gorgels. Naar Bobba! Hij kon niet wachten tot hij in bed lag en het aan Gug kon vertellen.
Melle was zo opgewonden dat hij niet in slaap kon komen. Nadat hij een uur had liggen woelen, verscheen Gug op de rand van zijn bed.
‘Wat is er aan de hand, Melle?’ vroeg hij ongerust.
‘We gaan morgen naar het Eiland!’ fluisterde Melle. ‘Ga je mee?’
Gugs wenkbrauwen gingen even omhoog en zijn oren bewogen heen en weer. Toen zei hij streng: ‘Dan-moet-Melle-nu wel-slapen-want-het-is-een-lange-reis, zeg-maar!’
‘Oké,’ zei Melle. ‘Maar eerst wil ik nog iets van je, Gug. Mag ik een handtekening?’ Hij pakte een papier en een klein pennetje. ‘Als Bobba beter wordt, is dit het mooiste cadeau dat ik hem kan geven. Jij bent zijn idool!’
Gug kreeg een kleur. Hij zette stoer een krabbel op het papiertje.
Melle stopte de handtekening onder zijn kussen en viel meteen in slaap.

De volgende morgen gingen ze met het hele gezin naar het Eiland.
Op de veerboot was Melle stil. Langzaam zag hij de duinen van het Eiland dichterbij komen.
Zou Bobba beter zijn? vroeg hij zich af.
De Grijze Gorgel had gezegd dat hij 'alles zou proberen om Bobba beter te maken' maar 'hij kon het niet beloven'. Er was dus ook een kans dat Bobba niet meer leefde. Melle moest er niet aan denken.
Snel pakte hij wat brood en gooide het naar de meeuwen.
Af en toe keek hij naar zijn rugzak, waaruit soms een zacht gesnurk opklonk.
Papa reed van de boot af en meteen door naar het vissersdorp.
Mama wilde nog even bloemen kopen voor oma.
Melle stapte uit de auto en liep naar de haven. In de verte zag hij een garnalenboot uit de mist tevoorschijn komen. Er hing een piratenvlag aan de mast.
Melle keek in het heldere water. Hij zag zes krabben. Meteen moest hij weer aan de strijd tegen de Groenlandse Brutelaars denken. Het is toch wel heel stoer dat het plan gelukt is, dacht Melle.
Bij het huis van opa en oma rende Melle meteen naar binnen. 'Heb je al iets gehoord van de Grijze Gorgel... of van Bobba?' fluisterde hij in opa's oor.
Opa schudde zijn grijze krullen. 'Nee, makker, sorry!' fluisterde hij terug.
Dat was een tegenvaller. Melle voelde tranen opkomen.
Oma had heel grote pannenkoeken gebakken. Ze waren heerlijk, maar Melle kon er maar één op.
'Wat is er met jou aan de hand, Melle?' vroeg oma.
'Ik heb een beetje buikpijn,' zei Melle.
'Ga maar lekker in bed liggen, lieverd,' zei oma. 'Dan maak ik een warme kruik voor je.'

Melle liep langzaam naar boven en kroop met de warme kruik onder de dekens.
Papa kwam hem nog even welterusten wensen.
'Papa,' vroeg Melle, 'is het niet veel te koud buiten voor de Gorgels?'

'Nee hoor, die zitten nu diep onder de grond. Maak je geen zorgen,' zei papa.
'Zullen we morgen naar hun Hol gaan zoeken?' vroeg Melle. 'Ik denk dat ik nog wel weet waar het is.'
'Gorgels verplaatsen zich elke dag. Anders is de kans te groot dat ze gevonden worden. Kijk maar op bladzijde 38 van het boek. Daar heb ik het volgens mij opgeschreven.'
Melle zuchtte, dat was hij even vergeten. 'Mag ik morgennacht dan Gorgels gaan zoeken in de duinen?' vroeg hij.
Papa schudde zijn hoofd. 'Nee, dat kan niet. Het is nu veel te koud en te donker buiten. Als het in het voorjaar warmer wordt, mag je weer een keer naar de Gorgels. Afgesproken?'
Melle knikte. Hij voelde de pijn in zijn buik weer terugkomen.
Papa deed het licht uit en liep naar beneden.
De rugzak stond in een hoek van de kamer. Er kwam geen geluid meer uit. Melle hoorde alleen het fluiten van de wind.
Hij deed zijn ogen dicht. Maar hij kon niet slapen.

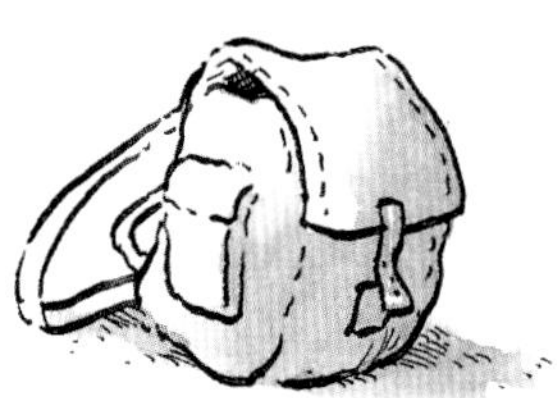

JOEBELABAMBAM!

Plotseling voelde Melle iets aan zijn oor. Hij schrok.
Hij pakte zijn zaklamp en scheen door de kamer.
Er was niets te zien.
'Hallo,' zei Melle. 'Wie is daar? Gug?'
Hij voelde een tik op zijn hoofd.
'Au!' riep Melle. Hij draaide zich razendsnel om en zag nog net iets onder het bed wegschieten.
Vlug scheen hij eronder.
En daar zat hij. Nog gespierder dan daarvoor. En met een gezonde rode kleur op zijn wangen.
Bobba!
De pijn in Melles buik was verdwenen. 'Je bent weer beter! Wat is er allemaal gebeurd?' vroeg hij.
'De-Grijze-Gorgel-heeft-mij-weer-helemaal-beter-gemaakt-zeg-maar,' zei Bobba. Hij praatte nog sneller dan normaal.
Bobba was verpleegd door de vrouwen-Gorgels. De Grijze Gorgel had aan zijn bed gezeten en alle smeersels die hij kende op Bobba's been gewreven. Hij had geneeskrachtige thee gemaakt van kruiden en bessen. Het water was op precies de goede temperatuur gekookt. Toen Bobba eindelijk weer kon opstaan was hij nog heel zwak. Zijn beentjes waren dun geworden. Hij vertelde dat hij elke nacht de trappen van de vuurtoren op en af was gerend. En nu was hij sterker en sneller dan ooit.
Bobba pakte zijn Waakstok. 'Kijk, Melle!' Hij rende razendsnel door de kamer en zwaaide zijn Waakstok zo snel heen en weer dat je de stok bijna niet meer zag.
Melle klapte in zijn handen. 'Geweldig!' fluisterde hij.

Ineens dacht hij aan zijn rugzak.
'Ik heb iets voor je,' zei hij. Uit het voorvak haalde hij een papiertje.
Bobba keek. 'Een handtekening? Van Gug!' Zijn wangen werden nog roder.
'*Joebelabambam!*' Bobba huppelde razendsnel door de kamer met de handtekening boven zijn hoofd.
Melle keek lachend toe.
Even later zat Bobba rustig tegenover hem met een dopje water.
'Ga je nu weer met mij mee naar huis?' vroeg Melle.
Bobba knikte heftig. 'Ik-heb-mijn-familie-nu-weer-helemaal-gezien! Bobba-gaat-weer-helemaal-waken-over-jou, zeg-maar, of-niet, of-wel.'
Melle werd helemaal warm vanbinnen.
Hij pakte het boek en las Bobba voor wat hij allemaal opgeschreven had. Toen hij over de Grootbekbrutelaar vertelde, begon Bobba weer te grommen.
Het werd later en later, maar dit keer was Bobba niet streng.
Ze hoorden zelfs papa en mama nog naar bed gaan. Uiteindelijk viel Melle in slaap met een grote glimlach op zijn gezicht.

Melle werd pas wakker toen alle vogels buiten aan het fluiten waren. Bobba was allang verdwenen.
Hij hoorde iets kraken. De deur van de logeerkamer ging langzaam open.

Melle ging rechtop in zijn bed zitten.
Het was zijn zusje Limoni. Ze keek heel bang.
'Wat is er, Limoni?' vroeg Melle.
'Ik heb vannacht een raar bolletje wol in mijn kamer gezien,' zei ze. 'Het had beentjes. Het probeerde zich te verstoppen, maar ik zag het de hele tijd.'
Melle lachte.
'Kom maar op bed zitten,' zei hij, en hij klopte op het dekbed. 'Dan zal ik je daar alles over vertellen. Je hebt superogen, lief zusje! Jij hebt een Gorgel gezien.'